U0133452

邹韬奋　著

邹韬奋谈人生

吉林人民出版社

图书在版编目(CIP)数据

邹韬奋谈人生 / 邹韬奋著 . -- 长春：吉林人民出版社，2020.12

ISBN 978-7-206-17879-5

Ⅰ.①邹… Ⅱ.①邹… Ⅲ.①邹韬奋（1895-1944）—文集 Ⅳ.①C53

中国版本图书馆 CIP 数据核字（2020）第 270940 号

出 品 人：常　宏

选题策划：吴文阁　翁立涛　四季中天

责任编辑：张　娜

助理编辑：刘　涵　丁　昊

封面设计：观止堂 _ 未　氓

邹韬奋谈人生
ZOU TAOFEN TAN RENSHENG

著　　者：邹韬奋

出版发行：吉林人民出版社（长春市人民大街 7548 号　邮政编码：130022）

咨询电话：0431-85378007

印　　刷：三河市京兰印务有限公司

开　　本：650mm×960mm　　　1/16

印　　张：18.5　　　　　　字　　数：220 千字

标准书号：ISBN 978-7-206-17879-5

版　　次：2021 年 3 月第 1 版　　印　　次：2021 年 3 月第 1 次印刷

定　　价：52.80 元

出版说明

邹韬奋先生认为："中华民族的将来希望在青年，而青年欲求有所贡献于我们的民族，进而有所贡献于世界的全人类，必先对这一点加以严重的注意。"正因如此，他热情地同青年探讨有关人生、修养方面的问题，他以自己的处世体会、读书心得、生活信仰，讲述青年应当如何正确对待自己的人生，如何充实自己，如何积极进取。他还以自己的阅历，列举生活中缺乏修养、无视公德、明哲保身等可笑、可恼的事例，从而启示青年树立正确的人生观、进德修业、实事求是、正直做人。

鉴于此，我们编选了本书，书中所探讨的许多问题，至今仍有现实意义，依然对我们有着宝贵的启迪作用。编选说明如下：

一、编选邹韬奋先生论述的有关人生观方面的作品，以帮助人们树立正确的人生观，克服消极颓废的人生观。

二、所选作品对今天的读者仍然有教育、启发和借鉴作用，有利于读者研读学习。

三、保留原作中符合当时语境的表述，只对错别字、常识性错误进行改动。

四、参照2012年6月实施的《出版物上数字用法》国家标准，在"得体""局部体例一致""同类别同形式"等原则下，对原书中涉及年龄、年月日等数字用法，不做改动（引文、表格和括号内特别注明的除外）。中华人民共和国成立后的年、月、日统一采用公元纪年法表示。

我们重读先生的作品，依然能从他亲切质朴、纯粹利落的语言中，感受到他那颗对青年殷切期盼的心。斯人已逝，风范长存，人们将永远缅怀先生，他的作品也将激励一代又一代的中国人。

编　者

目 录
contents

第一辑 爱与人生

第二辑　目标与名声

第三辑 人生修养

第四辑　人世百态

第一辑　爱与人生

爱与人生

天下极乐之根源莫如爱，天下极苦之根源亦莫如爱。然苟得爱之胜利，则虽极苦之中有极乐存焉。则谓爱亦极苦之根源，实表面之谈。谓爱为极乐之根源，乃真天地间万古不磨之真理也。其势力盖足支配芸芸众生，无有能越其界限者。得之则人生有价值，不得则人生无价值。知此则人生有乐趣，不知此则人生无乐趣。爱为人生之秘机，爱为人生之秘钥。人兽之别，即系乎此。

天地间爱之最真挚者有二，曰母子之爱与夫妇之爱。孟子谓三军可夺帅，匹夫不可夺志。母子之爱与夫妇之爱，虽赴汤蹈火，绝脰殊身，有不能损其毫末者。其精神直可动天地，泣鬼神，莽莽大地，芸芸众生，至德极善，天以逾此母子之爱占人之前半生，夫妇之爱占人之后半生。人之一生，盖为爱所抚养，爱所卫护，爱所浸润，爱所维持。人生无爱毋宁死，人生有爱虽死犹生。

母子之爱与夫妇之爱皆本诸天性，与有生俱来，不过表显有先后。其潜伏于本能中，则固其同为天地间最纯最洁之爱，根源即在乎此。

儿童终日与慈母相依，亲近抚爱，融和如春。无第三人离间其间。母子心目中，除爱外，无所用其顾忌，无所用其避嫌，无所用其抑制。故能存其天真，保其真爱。

夫妇之爱，其出于天性，与母子同。然在吾国则但见母子之爱，至于夫妇间则十八九皆冷淡如路人，与天性适相背驰，则又何哉。

吾固已言之，母子之爱占人之前半生，夫妇之爱占人之后半生。若仅得母子之爱而缺夫妇之爱，则谓大多数人仅生得一半。前半生有其生命，后半生虽生犹死，殆非过言。呜呼，何吾国死人之多也。吾为此惧，请为国人一采其致死之由。

最先由于基础之错误，正当婚姻应先有恋爱而后有夫妇。吾国之大多数婚姻固无所谓恋爱，即有恋爱亦往往在名分已定之后。其间出于不得已者居十之八九。此其遗憾，虽女娲再世，无力填补。夫人无愉快欣慰之怀，而希冀其常有和气迎人之笑容温语，固不可得。若虽有愉快欣慰之怀，乃非由衷心，出于勉强，则其表面即强作笑容，其实际盖吞声饮泣，有不足为外人道者。即有笑容温语亦暂而不久，伪多而真少也。明乎此，则吾国夫妇间何以冷淡如路人，其原因可不待辩而自明。盖本无所爱，不能强作爱之表现。犹之乎本无母子之情，而欲强一任何妇人视一任何儿童如己子，强一任何儿童视一任何妇人如己母，除于戏台上一时扮装之外，遍天地间不可得也。呜呼，彼本为路人又安怪其冷淡如路人哉。

其次由于腐儒之提倡陋俗。吾国腐儒所极力提倡之陋俗，足以摧残夫妇间之和气生气，使之灭息无复有余烬者，莫如"夫妇相敬如宾"及"举案齐眉"各谰言。吾人聚素心人促膝谈心于一室，无所拘束，无所顾忌，言笑自如，各畅所怀，行坐任意，举止自由，其快乐安慰较与新客同座，端坐拱手，唯诺随人，其相差岂可以道里计。然而吾人对于素心人之情谊，较与新客之情谊，又何若。今以夫妇之亲且爱，而劝其相敬如宾，已近囚狱，苟益以举案齐眉之行为，则径可以加以锣鼓与猴戏比其优劣矣。此虽为例不多，常人未必皆尝行此，然有腐儒举为鹄的以示模范，其流弊所及，足以丧尽能医众苦之真爱而有余。腐儒不足责，吾惟祷其速死。活泼有为之青年，安可不稍稍运其思想，一洗陋俗，而勿再为半死之人。当知"恭恭敬敬""客客气气"，皆为招待路人之良法。至于夫妇之间，则以融和怡悦为尊尚。

最后由于腐败之大家族环境，一人前半生所享受之母子之爱，无人间之，后半生所享受之夫妇之爱，则在吾国之陋俗，有多端之离间。其最甚者，莫如腐败之大家族环境。夫妇之爱，无论如何其受授及享用，皆绝对仅限于当局之二人，不容有第三人搀杂其间。吾信此实可为社会学中之一定律。欲保持此定律之价值及完备，其第一条件，在有小家庭制度。若在腐败之大家族环境内，则欲搀杂或破坏，最少亦有阻碍之力者大有人在。苟虐之翁姑固无论已。即叔伯妯娌亦居间阻碍。此数人而能与此小夫妇团结一气，则将二人之爱而推广扩充之，成为数人之爱。爱之本身，固尚自若，无如夫妇之爱无论如何绝对限于当局之二人。（谓此为我所发明之社会学中定律，亦无不可。）即当局愿让，旁人亦无福消受。旁人既无能消受，乃无时不肆其谗谤倾轧之伎俩。当局为避嫌计，不得不敛其爱之形迹。于是虽于彼此言笑之间，苟非在晏居之处，未有不存戒心者。而其尤当力戒以避人耳目者，莫甚于亲爱之态度。戒之既甚，易之者舍冷淡莫属。冷淡既久，爱之精神亦随之湮没。盖精神虽为表现之本，表现亦助精神之长存。久作愁眉哭脸之人，心境亦随之俱移。此则心理学家所证明，非区区一人之私言也。呜呼，腐败之大家族环境。庆父不去，鲁难未已。此恶不除，家庭永无改良之由。半死之人遍国中，永无超度之期矣。或曰，子喋喋言爱与人生，人生所贵亦在为人类"服务"Service耳。仅孜孜于爱之为言，何见之未广乎。曰，基督教之精粹在为人类服务，而其精义则以爱置于希望之前，人生得全其爱则学识道德及事业皆得其滋养而日增光辉，服务之凭藉亦全在乎此。子乃不揣其本而齐其末，殆亦半死之流亚欤。吾复何言。

原载1922年3月《约翰声》第33卷第2号。

转到光明方面去

世界上有许多人一天到晚心绪恶劣，愁眉苦脸，在苦闷与失败里面过日子；都是因为他们对于生活存着错误的心理。他们好像从来不把脸朝着太阳光，却把背朝着太阳光；这样一来，望着前途，当然只看见黑影子了。但是我们要知道，我们的确能够在光明中过生活——只要我们肯睁开眼睛，放宽胸襟，看得见人生的美丽，愉快，与安慰。

自己要上进，只有靠自己努力去做。如肯立定志愿，转到光明方面去，你要无时无地不欣然的向着所定的目标前进，无论什么外诱，不能动你丝毫；这样做去，包能达到成功的结果。你要明白，你现在所处的境遇怎样平常，所处的位置怎样低微，所做的事业怎样有限，都一点儿无关紧要；最紧要的，与你前途有极大关系的，是你现在所朝着的方面——你心目中所常想的，所念念不忘的方面。你试想：倘若你一直立住望着山下的黑暗深谷，能否有达到山顶的时候？如你自愿安于困苦失败的黑暗深谷，念念不忘在这种黑暗的方面，那末虽有健康，美丽，安慰，成功的高峰在望，你心目中并没有它的影像，尽管埋着头望黑暗处钻，也不能引你上进。

我们如能改变我们的人生观，便能改变我们的生活。假使我们脑子里充满了穷苦愤恨疑虑的观念，好像戴着有颜色的眼镜看东西，外面东西的颜色也跟着它变，这样看出去，没有一件东西不是黑暗悲惨，可恨可恶的，我们的生活不受我们思想的影响；你倘若一直向黑暗方面念念不忘，终有一天要跌到那个深渊里面去！你走路当然不得不向你所朝着的方向走，如要达到愉快与成功，心理却常常向着与它相反的方面，便永远休想达到；如心理常常向着恐怖，疑虑，靠不住，而要实现与它相反方面的好结果，也无异于向着西藏前进，要想达到美国的诗家谷，当然也是绝对不可能的事。

世界上最重要的东西莫过于我们的心理，我们要知道人类是应该要愉快的享受健康，幸福，安慰的生活。倘若我们还没有得到所应得的部分，这因为我们工夫还没有做得到步，还要努力的做去。若只不过一天到晚在恐怖，错误的思想，灰心，怨尤，与烦躁心境的广漠里面，横冲直撞，徒然耗神废时！因果律是人人逃不掉的。所谓因果律，就是说收成迟早总要与耕耘相应。我们固然不能希望不用力而有所成就，但是如果我们用了适当的心理对生活，做事做得不错，做得高兴，能诚实，仁爱，勤于助人，不自私自利，迟早必能得着由这种耕耘所出来的收成，决然无疑。

总之，我们如朝着光明的方面前进，心目中无时没有所欲达到的目标，用坚毅的意志，百折不回的精神，活泼快活的心境，无时无地不向着这个光明的方面前进，决不念念与此相反的黑暗方面，我们的一生，便可有惊异的进步。

原载 1927 年 2 月 20 日《生活》周刊第 2 卷第 16 期。

有效率的乐观主义

有一个名词，个个人的脑子里都应该有的，个个人的心里都应常常想到，常常念着的，这就是"乐观主义"。一个人的目的愈远，计划愈大，他的工作所经过的途径也愈远；在前进的时候，有许多愁虑，困难，穷苦，失望，都是当然要碰到的。乐观主义的人，就是不怕这些恶魔，反而振起精神，抱着希望，向前干去！倘被恶魔所屈服，便亡了；倘能战胜恶魔，便是胜利！

凡是要做得好的事情，都不是随随便便就行的，都不是容易的。你自己要立于什么地位？要达到什么地步？情愿付什么代价？你所希望的地位或地步总在那里，不过必须先付足了代价的人，才能"如愿以偿"。沿着大成功的一条路上，有许多小失败排列着，最后的成功是在能用坚毅的精神，伶俐的眼光，从这许多小失败里面寻出教训，尽量的利用他，向前猛进。而这种"寻出"和"尽量的利用"，惟有抱乐观主义的人才能够办到。

牛顿发明地心吸力学说的时候，全世界人反对他；哈费（Harvey）发明血液循环学说的时候，全世界人反对他；达尔文宣布进化论的时候，全世界人反对他；白尔（Bell）第一次造电话的时候，全世界人讥诮他；莱特（Wrights）初用苦工于制造飞机的时候，全世界人讥诮他。讲到我们中国的"国父"孙中山先生，最初在南洋演讲革命救国的时候，有一次听的人只有三个。

这许多人都要抱着乐观主义，极强烈的乐观主义，使他们能战胜全世界的糊涂，盲从，冷酷，恐怖，怨恨，反抗。而且工作愈伟大，所受的反抗也愈利害，简直成为一种律令，对付这种利害的反抗，最重要的工具是乐观主义。

有许多人以为乐观主义的人不过是"嬉皮笑脸""随随便便""一切放任""撒撒烂污""得过且过""唯唯诺诺"。诸君切勿误信这种谬说。真正的乐观主义的人是用积极的精神向前奋斗的人，是战胜愁虑穷苦的人。这类的苦境，常人遇着，要"心胆俱碎""一蹶而不能复振"的；只有真正乐观主义的人才能努力奋斗，才敢努力奋斗！所以讲到乐观主义还不够，要有"有效率的乐观主义"才行。

原载 1927 年 4 月 24 日《生活》周刊第 2 卷第 25 期。

闲暇的伟力

"闲暇"两个字，用再平常一点的话讲起来，就是"空的时候"。

金屑 在美国费列得费亚的造币厂地板上，常有造币材料余下小如细粉的金屑，看过去似乎是很细微不足道，但是当局想法把它聚集拢来，每年居然省下好几千圆的金洋！能用闲暇伟力的成功人，也好像这样。

短的闲暇 我们常听见人说："现在离用膳时候只有五分钟或十分钟了，简直没有时候可以做什么事了。"但是我们试想世界上有多少没有良好机会的苦儿，竟利用许多短的闲暇，成功大业，便知道我们所虚掷的闲暇时间，倘若不虚掷，能利用，已足使我们必有所成。此处闲暇时间外的本来的工作时间尚不包括在内，可见闲暇的伟力，真非常人所及料！

格兰斯敦 格兰斯敦是英国最著名的政治家，他的法律的政治的名著，世界上研究法律政治的人无不佩服的。但是他一生无论什么时候，身边总带一本小书，一有闲暇的时候，就翻来看，所以他日积月累，学识渊博。大家只晓得他的学识湛深，而不晓得他却是从利用闲暇伟力得来。

法拉台 法拉台（MichaelFaraday）是电学界极著名的发明家。他贫苦的时候是受人雇用着订书的，一天忙到晚；但是他一有一点闲暇，就一心一意做他的科学试验。有一次他写信给他的朋友说："我所需要的就是时间，我恨不能买到许多'写意人'的'空的钟头，甚至空的日子'。"但是有"空的钟头""空的日子"的"写意人"，反多一无贡献，和"草木同腐"，远不及"一天忙到晚"的法拉台，就在他能利用闲暇的伟力。

虽忙　一个人虽忙，每日只要能抽出一小时，如果用得其法，虽属常人也能精熟一种专门科学。每日一小时，积到十年，本属毫无知识的人，也要成为富有学识的人。

心之所好　尤其是年青的人，在本有工作之外，遇有闲暇时候，总须有一种"心之所好"的有益的事做。这种事和他原有的工作有无关系，都不要紧，最要紧的是真正"心之所好"，有"乐此不疲"的态度。

现今　"现今"的时间，是我们立志可以作任何事的"原料"；用不着过于追想"已往"，梦想"将来"，最重要的是尽量的利用"现今"。

原载 1927 年 10 月 9 日《生活》周刊第 2 卷第 49 期。

随遇而安

一个人要有进取的意志，有进取的勇气，有进取的准备；但同时却要有随遇而安的工夫。

姑就事业的地位说，假使甲是最低的地位，乙是比甲较高的地位，依次推升而达丙丁戊等等。由甲而乙，由乙而丙，由丙而丁……中间必非一蹴而就，必经过一段历程。换句话说，由甲到乙，由乙到丙……的中间，必须用过多少工夫，费了多少时间，充了多少学识，得了多少经验，有了多少修养。

倘若未达到乙而尚在甲的时候，心里对于目前所处的境遇，就觉得没有乐趣，希望到了乙的地位才能安泰；到了乙，要想到丙，于是对于那个时候所处的境遇，又觉得没有乐趣，希望到丙的地位才能安泰……这样筋疲力尽的一辈子没有乐趣下去，天天如坐针毡，身心都觉没有地方安顿，岂不苦极！

所以我们一面要进取，一面对于目前所处的地位，要能寻出乐趣来，譬如在职务上有一件事做得尽美尽善，便是乐趣；有一事对付得当，又是乐趣。在甲的时候，有这种乐趣；在乙的时候，也有这种乐趣；岂不是一辈子做有乐趣的人？这便是随遇而安的工夫，这样的随遇而安是积极的，不是消极的。彻底明白了此中真谛，真是受用无穷！

原载 1927 年 11 月 13 日《生活》周刊第 3 卷第 2 期。

不要怕

前几年记者因教育会议的事情到济南，与沈肃文先生同住一个房间。那个时候蒋梦麟先生做国民代表赴美国华盛顿会议，并壮游欧洲而回国，一到上海，就应电约到济南演讲，顺便到我们房间里谈谈他漫游的感触。他谈话里面有几句说："我此次出外游了许多地方，觉得'不要怕'可以得到许多便宜，可以多见识许多未见识的物事。我无论到了什么大地方，如要进去看看，便挺胸阔步的走进去，横竖就是走错了仍可以走出来，没有什么大不了的事，你如果在门口想进不敢进的伸伸缩缩，鬼头鬼脑，守门的人先要把你拉出去再说！"我们听了蒋先生这样眉飞色舞的说着，都不禁拊掌大笑。这虽是几句随意之谈，却含有很好的意思。

我在学校里时候，有一位苏州同学拼命的学国语，他总把国语中的"讲"字，说成国语中的"转"字，而且说得特别的多。有许多同学听了都笑不可仰。学着他的声音取笑他，但是他不怕，看见人还是老着面皮，大"转"而特"转"！大有笑骂由他笑骂，"转""转"我自"转"之之慨！现在他居然能登台用国语演说了！

学国语或是学外国语，如果怕错，不敢说，便永远学不好！

岂但语言，无论做什么事，如果怕失败，不敢做，便永远没有成功的日子!

　　不要怕!不要怕!充其义便是大无畏之精神!

　　原载 1928 年 4 月 29 日《生活》周刊第 3 卷第 24 期。

尽我所有

我们常看见有许多学英文的人，遇了用得着的时候，总怕开口，所以学校里有的请了外国人教英文，遇着师生聚会或宴会的时候，常有一堆学生躲来躲去，很不愿意和他同席，更不愿意和他多谈。这是什么缘故？也许是因为他觉得自己说得不好，怕出丑。其实你是外国人，西文是你的母音，我是中国人，本来不是说英语的，我懂得多少就说多少，能说得多好就说多好，如果说得差些，我总算"尽我所有"说了出来，有的不行的地方，有机会再学就是了，并没有什么难为情！若本来自己不行，却扭扭捏捏、遮遮掩掩，试分析自己此时的心理，岂不是要表示我原是不错，不过不高兴说就是了！自己没有而要装做有，这便是不知不觉中趋于"伪"的一条路上去！天下作伪是最苦恼的事情，老老实实是最愉快的事情，"尽我所有"便是老老实实的态度，有了这种态度，岂但说什么英语心里无所畏，做什么都有无畏的精神，说英语不过是一种较为浅显的例罢了。

在校里做学生的时候，在课室里倒了霉被教师喊着名字，叫起来考问几句，胆小一些的仁兄，往往也吓得声音发抖，懂得两句的，只吞吞吐吐地答出了一句！这里面当然也有"撒烂污"的朋友，但是也有很冤枉的。既经懂了何以还有这样的冤枉？也是缺乏"尽我所有"的态度。有了这种态度，只要在自修的时候，

"尽我所有"的能力用功，答的时候"尽我所有"的知识回答，既经"尽我所有"，于心无愧，如再不免"吃汤团"，所谓"呒啥话头"，用文绉绉的话便是所谓"夫复何言"，我害怕要吃，不害怕也要吃，怕他作甚！这样一来，心境上成了所谓"君子坦荡荡"，不至于做"小人常戚戚"了。

做学生对付功课需要这种"尽我所有"的态度，就是我们要求自身的发展，也何尝不需要这种态度。有人告诉我们说，我要升学没有钱，做不到，学生意心里又不愿，怎样好？他不知道我们要求发展只有以目前"所有"的境地做出发点，不能一步升天的！没有钱升学诚然是不幸，但是天上既不能立刻掉下钱来，学生意的人也不见得个个都无出息，也是事在人为，我们便须利用"尽我所有"的凭藉而往前做去，否则就是立刻急死也是无用的！而且我们深信果能抱着"尽我所有"的坚毅奋发的态度往前干，不怕困难的拼命的干，总有达到目的的日子！只怕我们不干！只怕我们不能"尽我所有"！

岂但无力升学的苦青年，社会无论什么人都有他们说不出的痛苦，说不出的不满意，最需要的也是这种"尽我所有"的态度，尽量利用我们所有的能力，所有的凭借，无论或大或小，总是，"尽我所有"的往前干，干到不能干无可干时再说！有了这种态度，只望着前途，只望着未来，不知道什么是困难，不知道什么是危险，不知道什么是烦闷，不知道什么是失望，但知道"尽我所有"的往前干，干到不能干无可干再说！俗语所谓"做到哪里算哪里"，一个人本来不能包办一切，本来只能"尽我所有"，此外多愁多虑多烦多恼，都是庸人自扰的事情！

这种"尽我所有"的态度，岂但从个人事业的立场言是非常需要的，就是我们想到社会的改进方面，也要有这种态度。即就全国不识字的人民一端而言，约占全数百分之八十，而现在的德国和日本，全国不识字的人仅达百分之十，国民的知识程度相差如此之远，想到以全民为基础的民国前途，很容易使人气馁。但是我们决不能因"气馁"而能为国家增加丝毫的进步，也只有抱定"尽我所有"的态度，一人的力量能做多少即做多少，一团体的力量能做多少即做多少，一种刊物的力量能做多少即做多少，"尽我所有"的往前干！干一分是一分！干两分是两分！前途怎样辽远，我们不管！要"尽我所有"的向前猛进！

原载 1929 年 1 月 20 日《生活》周刊第 4 卷第 10 期。

什么事不可能

驾雾腾云，在从前那一个人不视为《封神传》里的"瞎三话四"？不但在中国，就是在西洋，他们原来也有一句俗谚，遇着你说出不可能的事情，往往揶揄地说道："你不如尝试去飞上天罢。"（"You might just well try to fly."）可见他们原来也是把"飞"视为不可能的事情。

我们试一考这件由不可能而变为可能的事情所经过的大略情形，便觉得很饶趣味。在西洋一百二十年前已经有人在那里实验这件"瞎三话四"的事情，他们看见鸟有翼膀能飞，所以实验的时候，总在那里用尽心力于构造人工的翼膀。最初不但在实验方面屡次失败，而且被人笑为发痴，这是所谓"意中事"。这几个"痴子"里面有一位叫做凯雷（George Cayley），在一八〇九年（即距今一百二十年）做一篇文章登在一家杂志上，大发挥他的精密的"痴想"，据说现在飞机里的许多机件和原理，没有一件不被他猜着的，所以现在说起飞机的发明家，有许多人推他做"鼻祖"。他原是英国一位有名的哲学家，不知怎地会跳出哲学的范围，想起什么飞上天的把戏来。他不但实行"痴想"，而且就在发表该文的第二年，竟造了一个飞机实验起来，起先上面没有什么原动机（motor），后来竟给他配上了一个原动机。但是他发明的飞机在实验的时候，非但飞不起来，而且炸毁得一塌糊涂，算是失败了。但是从此以后，便唤起若干人的注意，有的研究机件，有的研究机身，慢慢地比前较有端倪，不可能的程度已渐渐减少。不过这还是极少数"痴子"的信心，一般人还是嗤之以鼻。

许多"痴子"虽仍在那里继续的研究来，研究去，但是总飞不起来，一点距离都未曾飞过。一直到了一八九六年（距今三十三年前），有位美国物理学家叫蓝格雷（Samuel Pierpont Langley）造了一个飞机，才算第一次有些效验，不过这个飞机还不能在空中飞，不过在波陀马克河（Potomac River）旁，沿着地飞了半英里左右的距离。同时有一位由学徒出身的在美国的英国发明家，叫做麦克沁（Hiram Maxim），和还有一位发明家叫做爱德（N.C.Ader），也在那里"痴干"，改良了许多地方，但弄来弄去，还是飞不起来。后来爱德也在一八九六年，总算造成一个飞机，能稍微离开地面飞过三百五十码的距离。同时在德国柏林也有一位工程师名叫李令索（Otto Lilienthal）对飞机的研究也有些成绩，他实验了二千次，最后一次由八十米达之高跌下来，把头颈跌断，做了科学界的"烈士"。

以上所说的实验，都还不够真正说得上一个"飞"字，可是没有先锋队的牺牲，真正的"飞"当然也无从达到。到了一九〇三年的十二月十七日（距今二十六年前），美国有一位叫赖奥维（Orvelle Wright）和他的弟弟赖威柏（Wilbur Wright），他们不过受过初等教育，后来做机匠，不过做做寻常的机器脚踏车，竟对于飞机大饶兴趣，尽心研究，一跃而为发明家。根据他们研究所得，算是第一次乘着飞机飞了起来，但是只飞了二百六十码的距离。前年第一次一口气飞越大西洋而达法国，以三十三小时飞过三千六百三十三英里（即一万余中国里）的林德白（Charles A. Lindbergh）当时还不及两岁。

赖奥维一九〇三年的飞机也还不是一蹴而成的，他们弟兄在一九〇〇年最初制成的飞机格式，原是想照放纸鸢办法，上面本预备坐一个人，但因为风力不足，只得让飞机独自飞翔。他们弟兄在一九〇一年实验用的第二个飞机，要载人上飞还是不行，若在地上沿地拖着飞，可以一口气飞二十七英里，在水面可一口气驶三百英尺，他们弟兄在一九〇三年，替航空事业开新纪元用的飞机，上面装有汽油原动机，其构造比之现在的飞机当然粗率得很，在当时则已经是空前的完备（该机现在英国伦敦科学博物馆陈列）。赖威柏已于一九一二年逝世，赖奥维尚健在，已经五十八岁了。自他成功以后，从前似乎不可能的"飞"，已成为无疑的可能的事情了。

天下事只要人努力去干，什么事不可能？但是我们对此问题至少还有下列两个更为明确的要点。

（一）事业愈大则困难亦愈甚，抵抗困难的时期也随之俱长。有的尽我们的一生尚不能目见其成者，我们若能尽其中一段的工夫，替后人开辟一段道路，或长或短，即是贡献。有所成功以备后人参考，固是贡献；即因尝试而失败，使后人有所借镜，亦是贡献。所以能向前努力者，无论成败，都有贡献。最无丝毫贡献者是不干，怕失败而不敢干，或半途遇着困难即不愿干。

（二）林德白可以三十三小时一直不停的飞渡万余里，在最初发明者横弄竖弄，竟飞不起来，至赖奥维算是成功了，也不过飞渡二百六十码。可见从不可能达到可能的境域，不是由这一点到那一点的那样的简单，必须经过许多麻烦，经过许多失败，经过许多时间，经过许多筹划，经过许多手续，经过许多改进。若是性急朋友，老早丢了，那有成功的可能？所以昔贤告诉我们说"欲速则不达"。

原载 1929 年 6 月 9 日《生活》周刊第 4 卷第 28 期。

问题解决后的心境

不佞在上期做了一篇《解决问题》，研究我们解决问题时应循的方法和应有的态度，并说最忌于问题未解决之前徒知愁虑而不知考虑，于问题已解决之后则又踌躇迟疑，无刚断的勇气。诚以徒知愁虑而不知考虑，则先为问题所围困，何来解决的能力？既解决而又踌躇迟疑，无刚断的勇气，则虽云解决，实等于未解决。

在问题未解决之前，踌躇迟疑，未始非引起审慎解决的动机，只须将问题内容加一番分析的考虑工夫，想出办法来，这种踌躇迟疑不久即可风消云散；若问题已解决而犹踌躇迟疑，则心境上之苦痛继长增高，永无安宁的时候。所以问题解决后的心境，应该如风平浪静，安如泰山；即有狂风怒涛扑面而来，而我的心境仍是和风平浪静安如泰山一样；豪杰之士所以能平大事于纷乱震撼之际，或临危授命，视死如归，不动声色，都靠这种心境发生出来的力量。

在前清宣统三年间，广州黄花岗七十二烈士之慷慨就义，当为我们所犹能记忆。则以当时深信非革命无以拯救危亡，既已决定采此途径以自效于祖国，即一往无前，生死成败都非所计。再想到前清戊戌变政中的谭嗣同，其政见是另一问题，但讲他临危不乱的态度，可见他早有决心。当他被逮的前一日，有日友数人知祸将发，力劝东游，不听，再四强劝，谭慨然道："各国变法无不从流血而成，今中国未闻有因变法而流血者，此国之所以不昌，有之请自嗣同始。"终不肯去，被逮入狱后，尚能从容在狱壁题诗一首，临刑慷慨神气不少变。他当时对于此事的解决方法对不对，非我们所欲置论，我们引此事所欲说明的焦点，是他既已如此解决，便如此做去，把生死得失置之度外，心境泰然，丝毫不受外境的骚扰。被逮，他的心境泰然；入狱，他的心境泰然；临刑，他的心境还是泰然。他的得力处就在他在问题解决后的那样安定的心境。

做强盗的人当然都是社会的仇敌，但他们被枪决的时候，也有两种态度，有些强盗将临刑时竟能态度从容，对观众说什么"再过二十年，我们又相见了"一类的话；有的强盗则吓得面无人色，仓皇失措。前者之顽强与后者之怯懦固然都是一样的无可取，但仅就心境上一点说，前者却比后者安静多了，也许所感的苦痛也减少得多了；因为前者对于将被枪决的这一件事，他胸中有了一定的已解决的态度，这态度所根据的理由尽管是错误的，但无论如何，他却靠着这个已解决的态度使他心境上能够那样安定；后者所以那样心慌意乱得利害，因为他走上必死的境域，还是怕死，对于这件无可避免的必死的一件事，在他并不算已经解决，所以没有决然的态度。这样看来，就是同做社会仇敌的强盗，同是无可取的，他们对于解决死问题的态度的异同，在社会方面虽是毫无关系，而在他们本身精神上的临时安定与否，却也有很不同的结果。无正确思想的强盗犹且如此，有正确思想的常人更可知了。

原载 1929 年 9 月 8 日《生活》周刊第 4 卷第 41 期。

消极中的积极

据在下近来体验所得，深觉我们倘能体会"消极中的积极"之意味，一方面能给我们以大无畏的精神和勇往迈进的勇气，一方面能使我们永远不至自满，永远不至发生骄矜的观念。

孔老夫子是我国历史上的一位伟人，他视富贵如浮云，是何等的消极！据他的一位很刚强的弟子子路说，他明明是"道之不行，已知之矣"，又是何等的消极！但是他却不赞成当时长沮和桀溺（均与孔子同时的隐者）一流人的行为，他自三十五岁起由鲁国往齐国，周游列国，仍冀于无可为之中而或可获得多少的结果，一直奔到六十八岁才回到鲁国。孟子说他"三月无君则皇皇然"，则又何等的积极！

无论何人不能不承认孙中山先生是我国近代史上的一位伟人，据他自述："……虽身当百难之冲，为举世所非笑唾骂，一败再败，而犹冒险猛进者，仍未敢望革命排满事业能及吾身而成者也……"以孙先生的眼光与魄力，在当时还是"未敢望革命排满事业能及吾身而成"，其消极为何如？但是"未敢望"尽管"未敢望"，却能于"一败再败"之余"而犹冒险猛进"，其积极又何如？

以"道之不行，已知之矣"为背景，以"未敢望及吾身而成"为背景，可以说是以消极为背景；以消极为背景的积极进取，不知有所谓失望，不知有所谓失败，因为失望和失败都早在预期之中，本为常例，不是为例外。世之不敢进取者无非怕失望，无非怕失败，以消极为背景的积极进取既不怕什么失望，也不怕什么失败，则明知向前进取尚有上面所谓"例外"者可得，坐而不动则永在上面所谓"常例"者之中，两相比较，还是以进取为得计；况且进取即不幸，至多如未进取时之一无所获，则本为消极的意料中所固有，静以顺受，无所怨怼。所以我说"消极中的积极"能给我们以大无畏的精神和勇往迈进的勇气；只有不怕失望不怕失败的人才有大无畏和勇往迈进的精神。

我个人对于人生就以消极为背景，我深信有了以消极为背景的人生观，然后对于事业才能彻底的积极干去。我记得陈畏垒先生在他所做的《人生如游历的旅客》一文里有这样的几句："我们此地不能讨论到世界的原始和宇宙的终极，但是我们每一个小我的人生，所谓'上寿百年'，年寿上是有限制的，古人说'视死如归'，虽没有说归于何处，而大地上物质不灭的原则是推不翻的，我们不必问灵魂的有无，我们可以说我们最后的归宿便是形体气质——仍归于所自生的世界。宗教家言所谓来处来，去处去，我们要改为来处来，还从来处去。承认了这一个前提，那末我们自少而壮而老这一段生存的时间，岂不是和'旅行'没有两样？"我完全和他表同情，我所以对于人生以消极为背景，也是因为感觉"每一个小我的人生"在"年寿上是有限制的"，"我们最后的归宿"都不免"形体气质——仍归于所自生的世界"。有了这样的感觉，我们便应该明澈的了解：我们所能做的事只有竭尽我们的能力，利用我们的机会和"生存的时间"，能为社会或人群做到那里算那里，决用不着存什么"把持"或"包办"的念头。再说得明白些，有一天给我做，我就欣欣然聚精会神的干去；明天不给我做，也不心灰，也不意冷。为什么呢？因为我想得穿了，我横竖要"仍归于所自生的世界"，我只能有一日做一日，有得做便做，没得做便找些别的做；我做了三十年四十年，或做了数天数年，在人类千万年的历史上有什么差异？如能给我多做几年或几十年，只要我做得好，在此有得做的时期内，已有人受到我的多少好处；做到没得做的时候，要滚便滚。有了这样的态度，便能常做坦荡荡的君子，不至常做长戚戚的小人；不但失望失败丝毫不足以攫吾心，就是立刻死了（奋斗到死，不是自寻短见的死），也不算什么一回事。

反过来想，就是有些成就，以我们在"年寿上是有限制的""一个小我的人生"，其所作为在人类千万年历史上的事功里，所占地位之微细或犹不及沧海之一粟，只有尽我有涯之生向着无穷尽的路上前进，做多少算多少，有何足以自傲之处？所以我说"消极中的积极"能使我们永远不至自满，永远不至发生骄矜的观念，因为只有能把眼光放得远的人才能"矫首望八荒，乾坤一何大，安荣无遽欣，患难无遽慼"。（曾文正《不求》诗中语。）

原载 1929 年 9 月 22 日《生活》周刊第 4 卷第 43 期。

绝对靠得住的是谁？

绝对靠得住的是谁？这个问题似乎很难得到一个绝对的答案。据心理学家郭任远先生的研究，他大概在人类里面寻不出绝对靠得住的是谁，所以他以为只有狗最靠得住。他很表同情于美国上议院议员佛斯德（Vest）说的这几句话："在这个自私自利的世界上，人们唯一的绝对无私的朋友就是他的狗。无论贵贱贫富，无论饥寒饱暖，狗都不肯离开他的主人……"这样不知世态炎凉秘诀的狗，确是在人类中不容易寻得出的，怪不得郭先生欣然自认是"和动物发生恋爱的疯子"了。但是我觉得狗虽不无用处，到底是畜类，不能和我们谈话，不能和我们商量，超出某限度的时候也不能帮助我们解决困难，所以我虽也佩服狗的靠得住，却仍想试在人类里面找找看，究竟有无绝对靠得住的。

有人说绝对靠得住的似乎莫如自己的母亲。母子之爱是天地间最至诚的爱，这句话大部分似乎是很对的，但是有的时候也不一定能绝对的靠得住。传说悟一贯之旨，传孔子之道，述《大学》、作《孝经》，后世称为宗圣的曾参，性至孝，其母又以慈闻，但据《国策》里说，"人有与曾参同姓名者杀人，人告曾子母曰：'曾参杀人。'母曰：'吾子不杀人。'织自若。有顷，人又曰：'曾参杀人。'母尚织自若。顷一人又告之曰：'曾参杀人。'母惧，投杼逾墙而走。"以曾子之贤，而其母竟终不免无稽妄言之摇惑，绝对靠得住吗？至于现在新旧思想常在冲突的时代，做母亲的常因顽固成性，对子女婚姻的无理压迫，更时有所闻，靠不住的更多了。

亲生的子女绝对靠得住吗？谁敢担保！女儿是终要跟着他人走的，至讲到儿子，善于观人眸子的孟老夫子就说："人少则慕父母；知好色则慕少艾；有妻子则慕妻子。"老孟当时研究过"实用心理学"与否，我们不得而知，但是他这几句话似乎很能写透一般人的心理。

有人也许以为常人称为"终身伴侣"的夫妻，总可以绝对的靠得住了。却也未必！男子弃旧恋新的随处都是，女子有许多并不是真心爱悦她的丈夫，不过自己不能自立，就是觉得对方讨厌，或有所不满意，因为要靠着吃饭，也只得小心把这个"饭桶"保护周到，不要让他打破。我常觉得她觉得他本身真可爱悦而护他，可谓之爱护；她心里并不觉得他可爱，不过因为没有法子另选爱人，又不得不靠他吃饭，才不得不护他，只得勉称保护——保护靠着吃饭的饭桶！你这个饭桶不够吃的时候，吃饭的人便不见得和你表同情了！

俗语说"在家靠父母，出门靠朋友"，朋友是否绝对靠得住？则请听听韩退之为柳子厚作墓志铭所说的几句牢骚语看："呜呼！士穷乃见节义，今夫平居里巷相慕悦，酒食游戏相征逐，诩诩强笑语以相取下，握手出肺肝相示，指天日涕泣，誓生死不相背负，真若可信，一旦临小利害，仅如毛发比，反眼若不相识，落陷阱不一引手救，反挤之又下石焉者，皆是也。"交朋友原来是穷不得的！怪不得韩老先生慨然"呜呼"起来。

有靠得住的慈母的人，有靠得住的子女的人，有靠得住的爱人的人，有靠得住的朋友的人，听见我在上面说的一番话，也许要大不以为然，但是我要请注意的，我不是说这里面许多人都是绝对靠不住的，我的意思是说有可靠有不可靠，也许其先可靠后来不可靠，不是都能绝对的可靠。

那末除了非我同类的狗之外，绝对可靠的究竟是谁？我以为绝对可靠的只有自己。你无论如何穷困，你自己总是伴着你自己；你无论如何倒霉，你自己总是不离你自己；就是你上断头台，像法国女杰罗兰夫人那样慷慨悲壮的上断头台，她自己的那个嘴巴还要替她说出几句慷慨悲壮的至理名言。

曾文正曾经说过："凡危急之时，只有在己者靠得住，其在人者皆不可靠。"这是他由经验阅历中得来的教训。

这样观察在我们似有受用处：既知绝对靠得住的只有自己，则对于自己的能力须加意训练，丝毫不可存倚赖或侥幸的念头，也不必存怨天尤人的念头，只一往直前的力求自强。曾文正写给他老弟的信，还有几句很动人的话："困心横虑，正是磨练英雄，玉汝于成。李申夫尝谓余怄气从不说出，一味忍耐，徐图自强，因引谚曰：'好汉打脱牙和血吞'，此二语是余生平咬牙立志之诀……弟来信每怪运气不好，便不似好汉口气，惟有一字不说，咬定牙根，徐图自强而已。"

这不是他劝人做消极的容忍，是说对别人发牢骚无用，要自己振作自强起来才有办法。

原载 1929 年 10 月 13 日《生活》周刊第 4 卷第 46 期。

校长供开刀

进过老式私塾读书的人，大概总读过两句文绉绉的话，叫作"文章教尔曹，惟有读书高"。现在的学问有了各科的专门，就是种田炼铁造房子开汽车等等都成了学问，不是仅仅能够胡诌几句"文章"便算有了天大的本领，这固然是不消说的；不过觉得"惟有读书高"而蔑视劳工神圣及努力工作自助的错误心理，仍是很难洗涤得干净。老友刘湛恩先生现任沪江大学校长，对于他自己头上那几根头发向来是很随便的，但是往往采取放任主义，没有工夫使它怎样整齐。前天他来晤谈，我瞧见他头上那漆黑一团的东西却修得很整齐，梳得很平服，问后才知道他是刚破钞了五块大洋请他校里的一位高足开刀的。原来他校里有一位同学王瑞炳君清寒好学，当他未入沪江之前，在某处担任小学教员的时候，当作玩意儿的学会了剪发的技能，近因困于学费，有志努力自助，刘先生听他有这样的本领，便慨然把他自己的一颗头给他实验，结果非常满意，并未曾累他头破血流，刘校长于惊喜之余，奖借有加，欣然从腰包里挖出亮晶晶的东西五块，送他作为开刀大吉的贺仪，听说王君现在生意兴隆，颇可藉此自给。我们觉得刘先生之不惜大好头颅，积极提倡有志青年之努力自助，及王君之毅然操刀一割，一洗寻常读书人轻视劳工的恶习，都值得我们的敬佩。

刘先生的夫人王立明女士对家务全用新法，诸事躬亲，对于社交也很注意，他们伉俪因常请朋友聚餐，忙不过来，特招请本校学生中之愿任堂倌者相助，每小时工资两角半大洋。招了许久，学生中对于堂倌一职究竟有些羞答答的未便走马到任，但最近居然也招到了一位。听说该校对于学生自助求学，提倡不遗余力，以上两事不过是两个例子罢了。

我觉得这种事情，物质上的报酬尚在其次，而鼓励自立的精神，实含有很大的价值。讲到这一点，我觉得陶行知先生做过的一首白话诗很有点意思：

> 滴自己的汗，吃自己的饭。
>
> 自己的事，自己干。
>
> 靠人，靠天，靠祖先，都不算好汉。

原载 1930 年 1 月 12 日《生活》周刊第 5 卷第 7 期。

无可努力中的努力

个人如有真心要努力肯努力，没有什么环境可以限制他的，这种原则的佐证，世界上空手赤拳由穷困艰难中奋斗挣扎出来的坚苦卓绝的人物固已给与我们许多显例，即近而追忆我国的孙中山先生生平的奋斗历史也很够给与我们关于这一点的"烟士披里纯"。个人如此，一国则亦有然，不信请看在世界大战中惨败后的德国。

德国自吃了败仗之后，协约国都怕他死灰复燃，监督与限制最严的当然是德国的海陆军备。但是德国居然能在极严厉的监督与限制的环境之下，无孔不钻的努力于国防之巩固策略。例如除空军被协约国完全禁止有何设备外，陆军方面仅许十万人为限，废除国民强迫军事训练及服军务，除足以造就此十万人的军事学校外，其他学校学生均不准受军事教育，需用之军器亦有一定的限制。德国人于大败之余，除饮泣吞声忍受外，有何话说？但是请看德国近十年来在这方面的努力是如何的猛进——在无可猛进的环境中向前猛进？协约国不是仅准他全国只有十万人的陆军吗？他却把这十万兵额的训练期定为十年，授以极精的新战术与军事学问，抱定宗旨把这十万名个个造成极富学识经验而又精明强干的军官。此外则广招号称维持国内治安的警察，加以积极的训练，更积极提倡民间的普遍运动，使人人都有当兵的体格。此外对军器虽不能作量的扩充，却拼命求精。协约国虽严厉，不能不许他训练那规定好的十万名陆军，不能不许他用维持国内治安的警察，更不能不许他提倡有益健康的民间运动，也不能禁止他把规定好的有限的军器精益求精。

讲到德国的海军，潜水艇固然是被协约国完全禁止了，此外所许有的，不过限于战舰六艘，巡洋舰六艘，驱逐舰十二艘，鱼雷艇十二艘，各舰吨数均有一定的限制，全体海军人数以一万五千人为限。总之依协约国的制裁，务使德国现今的海军只够防海盗，绝对没有和海军国对抗的战斗力就是了。但德国最近造好的一艘巡洋舰只有一万吨，其实力却可抵得其他海军强国三万五千吨的巡洋舰，因为协约国限他的艘数和吨数，他就用尽心思在有限的艘数及吨数之下力求其精，协约国竟亦无奈他何！最近英国海军少佐霍尔氏（King-hall）说起德国新造的这艘巡洋舰简直是比英国进步了十年的时间，又说除非请德国也参加海缩会议，所有海会席上会议的话都是白说的。英国著名南北极探险家亚密推少佐（Armitage）也说相类的话。其实这话并非毫无根据，你看英美日彼此在海缩会议上断断较量的不是吨数的多寡么？法意彼此不肯相下的也不是吨数的多寡么？如今德国却静悄悄的在极少吨数内求得极大的实际效力！

中国在国际上的倒霉只有比德国厉害，但是中国在国防上关于海陆军的设备却不像德国之倒霉得那样厉害，在其他可以建设以充实国力的种种方面也不是动弹不得，然而在"仍须努力"中的中国不但未见努力向前，却只见拼命的大开倒车！开眼看见的，张耳听见的，无非少数人攘权夺利的战争，多数人宛转哀号的惨状！除了"自暴自弃"四个字，实在寻不出别的什么恭维的话！

原载 1930 年 4 月 27 日《生活》周刊第 5 卷第 20 期。

无乐观悲观之可言

做今日的中国人，够不上乐观，用不着悲观。我们睁开眼睛看看国事，能指出那几件事使得我们做国民的人可以乐观？再睁开眼睛看看社会的现状，能指出那几件事使得我们身居其中一分子的人可以乐观？除国事与社会现状外，除少数阔老及席丰履厚的享福者外，大多数平民各人有各人的苦况，真所谓一言难尽，呼吁无门，那几个人对自己可以乐观？乐观与否，就大多数民众言，是要受事实所限制；四方八面寻不出乐观的事实，便无乐观之可言。有人每日看报愈看愈动气，于是发誓不看报，采用闭着眼睛乐观的政策，但是眼睛尽管闭着，不能乐观的事实仍然四平八稳的存在，绝不因此消灭。倘若人人都采用闭眼政策，好像一群瞎子挤在一条黑弄子里，更永远没有得见天日的希望。有人听见东西各国在事实上比我们进步快，愈比较愈觉得我们事事落伍，事事不行，往往不问事实究竟如何，大大的埋怨供给这样比较材料的人，好像如果绝对不提起别人的实际情形怎样——尤其是进步的情形——我们掩着耳朵不愿听他们向前跑到了什么地步，我们尽管踱方步，或竟向后转，也可以不至悲观。这种心理可以称为掩耳的乐观政策，殊不想耳朵尽管掩着，别人进步很快的事实仍然存在，我们进步很慢的事实仍然存在，在别人无所损，在我们却因为做了聋子而故步自封。

闭眼政策和掩耳政策既均不能消灭不能乐观的事实，所余下的似乎只有悲观了，但是悲观难道就能消灭不能乐观的事实吗？悲观之不能消灭乃至减少不能乐观的事实，与闭眼政策和掩耳政策无异，所以我们诚然够不上乐观，也用不着悲观。

我们对江苏悲观，也许可跑到浙江去做浙江人；对浙江悲观，也许可跑到安徽去做安徽人；但是如对中国悲观，终究还是要做中国人，不能随我们的意思丢了中国去做美国人，英国人，所以我们既不由自主的生而为中国人，对中国只有一条路走，就是尽我们的力量往前干，随你乐观也好，悲观也好，觉得前途有望也好，无望也好，你只有向前干的一条路走，没有别条路走。我每想到这一点，就觉得无乐观悲观之可言，只有各尽我们的力量往前干。觉得国内事事落后，你既跳不出这一国的圈子——因为逃到天边地角还是个中国人——只有尽力使她不落后；觉得外国压迫得厉害，你既跳不出这一国的圈子，也只有尽力使她充实抵御的能力。成败利钝都说不到，只有往前尽力干去，干得一分是一分，干得两分是两分，暂时干不好，还得继续不断的干。除了这样尽力往前干的一条路外，并没有别条路走。既然只有向前的一条路走，不悲观要走，悲观也要走，不过悲观使你走不动，反不如不悲观的向前进，走进一步是一步，走进两步是两步，鼓着勇气继续向前！扎硬寨，打死仗！

原载 1930 年 9 月 14 日《生活》周刊第 5 卷第 40 期。

对于批评应有的态度

对于批评应有的态度，可分为两方面研究，一方面是批评者，一方面是受批评者。请先言第一方面，即批评者。记者以为就批评者方面言，有两点最为重要，一为动机要纯洁，二为是非要清楚。昔贤有谓"欲加之罪，何患无辞"，天下无绝对完全无疵的人，也无绝对完全无疵的事，如果存着吹毛求疵的态度来寻衅，吃饱饭专门骂人还来不及！所以批评者宜视所欲批评的问题与社会大众福利有何关系，其目标非对受批评的个人或一二事实的本身存何挑衅的意味，乃全因此人或此事有关社会大众福利而不能已于言。由此作出发点，则意在为社会造福，或为社会除害，其最终目的在此福之得以造成，或此害之得以除去。必有如此之纯洁的动机，方无愧于所谓"民众喉舌"，否则徒成其为私人的喉舌，或私党的喉舌而已，其成败纯属私人私党问题，与"民众"何与？故动机要纯洁，实为批评者宜注意的第一要点。

批评与谩骂不同，谩骂者可不顾是非，批评者则须顾到是非之分明；好像一架天平秤，一斤还你一斤，八两仍是八两；好像明镜一面，西施现出你是西施，嫫母现出你是嫫母。谩骂徒养成刻薄浮躁之风，而真正合理的批评则可使人养成冷静的头脑，缜密的心思，与辨明是非的能力。故是非要清楚，实为批评者宜注意的第二要点。

其次请就受批评者方面言，记者以为批评者是否出于诚意，只须一读完其文字内容，无论其措辞为和平为激烈，无有不跃然纸上而无可逃避者。受其批评者如觉其动机出于诚意，而所言复能搔着痒处者，则自当虚怀容纳，愈益奋励；即觉其动机不纯，苟其所言不无可取或不无可以节取之处，仍不必以人废言，但求其有裨于我之趋善改过，则亦有益而无损。倘发觉批评者全属无理取闹，则值得解释者不妨酌加说明以释群疑，不值得解释者尽可置之，听社会之公评。我国俗语谓"公道自在人心"，西谚亦谓"真理虽被压倒至地而终能升起"，无理取闹者决不能以一手掩尽天下目，自问无所愧作者尽可处之坦然，不足计较。

此虽就个人地位言之，若处于为党国服务之职位者，则对于民间批评，在原理上亦有相通者在，而态度方面尤当注意者，则为在野之言论为民意之反映，虽无斧钺之权，实为众志所归，在当道者往往以有权在手，便可任意摧残，以为何求不得，不知"防民之口，甚于防川"，宜利导而不宜强压。当局者宜细察批评者所言内容之为正确与否。苟认为正确，则当局应在事实上予以改正的表示；苟认为错误，则当局应以文字予以解释，或辩驳，在党治之下，党报与党的宣传机关，即负有这样的责任。真理愈辩而愈明，民间即有所误会，其消除方法，莫善于说明，说明能启其思想，开其茅塞，而坚其信仰之心；莫愚于用武力压迫，或以盛气相凌，消极方面徒使全国暮气沉沉，民意无从表现，政轨何所遵循，积极方面反为真正反动者制造民间悒郁愤怨之心理，以为混乱之导火线，则又何苦？

原载 1931 年 2 月 14 日《生活》周刊第 6 卷第 8 期。

无形的考试

我们在学校求学的时候，大家都经过所谓考试：自"考试院"成立后，迭颁各种考试规程；社会上用人的机关，亦渐多采用公开的招考：凡此种种都可说是具有形式的考试。除此有形的考试之外，还有一种无形的考试。这种无形考试的时期是做到老考到老，死的时候才是停考的时候；这种无形考试的题目是做完一个又来一个，做到死还做不完。我们对于这种无形的考试也须有一种拿得稳的正确态度，然后才能成竹在胸，镇定对付。

无形的考试虽然无形，但是我们倘若要有相当的成绩，须用点脑子替自己定一个适当的范围，在此范围内作尽量的努力。大才小用固然可惜，小才大用也要糟糕。我们一方面要彻底明了人不是万能的，一方面要彻底明了世上的事业是无穷尽的，我们倘以有限的精神才力而昏骛于不甚相当的多种事务，捉襟见肘，疲于奔命，不如就自己性之所近力之所及，聚精会神的干一件可以干的事业，加以充分工夫，持以恒心毅力，滴水不辍，可以断崖，精诚所至，金石为开，这一本考试卷子必有可观。据纽约电传，某广告公司邀请世界著名滑稽电影明星卓别灵演说，每刻钟愿出五千金镑，且不限其演说题材，卓别灵说："卓别灵是买不动的，我的表现工具是做戏，不是演说。"这种精神，便是他在自己所特创的滑稽电影剧的艺术上成绩特优的重要原因。若只会做戏而偏要演说，便决不会有好卷子。

有形考试的时间短的二三小时，长的也不过几天分开来考，这样几小时或几天的工夫，考者比较的尚易于忍耐得下。无形的考试——尤其是定了范围有了目标以后——少则数十年，多则终身尽瘁于此，这样长久的考试期间，不但需要充分的奋斗能力，并且需要充分的忍耐工夫。在此长时间内，没有充分的奋斗能力，固然不能振作有为，虽能奋斗而没有忍耐的决心，则一遇挫折，即急流勇退，或虽至二次三次以至多次的前进，而终于发生灰心悲观消极颓废等等病症，还是要考得一塌糊涂，甚至有人索性自杀——这就是逃考。考卷要好是要做的，逃考当然做不出好卷子来。孙中山先生最足令人佩服的地方便是他永远"考"不倒，他为中国民族自由平等奋斗了四十年，其中经过十次大失败，无数次的小失败，在在都有使他丢掉考卷或逃考的机会，但他总是硬着头皮应"考"，末了他还觉得自己的考卷未曾做完，交给后来的同志做下去。四十年做一本卷子还没有做完，性急的朋友往往并未曾做，或做而未得力，或虽得力而仅知奋斗不知忍耐，奋斗愈激，因缺乏忍耐力而更易趋入悲观，经不起长时期的考试。无形的考试非经长时期决不会有好成绩的，既经不起长时期的考试，考得不好，怨谁?

最后还有一点：有形的考试不过把已准备好的成绩表现出来，无形的考试不仅表现已准备好的成绩，同时还能随时随地在"考试"中得到经验，增富自己的能力。故在无形的考试中，学习和"考试"可以说是同时并进的。

原载 1931 年 3 月 7 日《生活》周刊第 6 卷第 11 期。

人生意义

……

我是一个学科学的人，尤其是学科学中最难学的一种物理学，我受科学的陶冶已有十余年，所以在科学上得到的知识也不少，尤其这几年在大学毕业之后，即在母校本系服务，事情虽忙，但是学业的进步尤较学生时代为甚。所以单在学问的方面说，将来或可有一点希望，也未可知。不过我们学科学的人终日是和ABC同实验室里的仪器过着生活，对于人情方面是非常冷淡。因此一直到现在，只觉得科学是有兴趣，而不知人生是什么了！

在我们所研究的物理学上说：宇宙间的一切皆是由于阴阳二电子构成，所以人也是这两种东西构成的，因而人是等于物的，人的生死不过是物质的变化，并不是消灭的，所以人的生死，依这种眼光看去，是一点无意义的。生死既无意义，那末人生还有什么意义？再进一步说，以宇宙这样的大，我们人体这样的小，时间这样的长久而无穷，人生寿命这样的短促，所谓人生的快乐悲哀，皆成为一瞬间的幻影，诸如此类的推想，人生还有什么意义呢？

有一次我同一位朋友谈话，他看我太消极了，他说人要努力奋斗，我说人就是努力奋斗又怎样呢？他说世上的成功皆是由人之努力奋斗而来。我说就是努力奋斗有了成功，那又怎样呢？人在希望未达到的时候，以为希望达到了，是非常之快乐，但是到了你希望达到时候，你也不觉得是怎样的快乐了。人没有饭吃，以为饭可以救命，及有饭吃，也不以为饭是可贵了。再深说句，古时的所谓圣贤俊杰，现在也不过是氢氧碳磷，现在的大人先生，也不过是一时的食色的逐鹿而已！这又有什么意义呢？

在我们所研究的科学上讲起来，与其他的学问又有不同的地方，我们所得到的训练，就是以我们最精密的科学，尚不能得到宇宙间正确意义，其他的学问更不必谈了；所以世界上的各事是无是非的，所谓是非，不过各是其所是，各非其所非而已，是非是依环境而定，此种环境以为是而换一环境则以为非矣。世界上无正确无是非，那末人生还有什么正确与是非，人生无正确是非，所以人生无意义。

我对于人生哲学的书是没有读过，这完全是我个人科学的人生观，不过我因为时间的关系，现在不能多写，以上不过是略写一点，不知编辑先生有如何的答复与批评，能使我有所满意也。

X

答：

关于人生的意义问题，记者觉得《生活》第三卷第三十八期里登过一篇胡适之先生答某君书，其中有几句话颇有参考的价值，我现在撮述几句如下："我细读来书，终觉得你不免作茧自缚，你自己去寻出一个本不成问题的问题：'人生有何意义？'其实这个问题是容易解答的。人生的意义全是各人自己寻出来，造出来的：高尚，卑劣，清贵，污浊，有用，无用，……全靠自己的作为。生命本身不过是一件生物学的事实，有什么意义可说？生一个人与一只猫，一只狗，有什么分别？人生的意义不在于何以有生，而在于自己怎样生活。你若情愿把这六尺之躯葬送在白昼作梦之上，那就是你这一生的意义。你若发愤振作起来，决心去寻求生命的意义，去创造自己的生命的意义，那末，你活一日便有一日的意义，作一事便添一事的意义……总之，生命本没有意义，你要能给他什么意义，他就有什么意义。与其冥想人生有何意义，不如试用此生作点有意义的事……"综结胡先生这几句话，有两点很可以特别的注意一下：第一点是人生本来是没有意义的；第二点是人生的意义是靠各人自己造出来的。这两点我都表同意，不过我却不觉得 X 君此信是"白昼作梦"，认为有好几处他本着科学家怀疑的态度，很能引起我们研究的趣味。

X 君认为生死无意义，诚然，但不能因为"生死既无意义"，便断定"那末人生还有什么意义？"愚意"生"与"死"尽管无意义，但在既"生"与未"死"之中间的一段生活的过程，未尝不可由各人努力造出意义来。

X 君又因宇宙之大，而人生之短而致疑于人生没有意义。宇宙之大，而人生之短，这诚然是一件事实，这个事实如看得透，对于我们的修养上且有大益，因为能知天地之长而吾所历者短，知地之大而吾所居者小，知事之多而吾所成者实微乎其微，则对于个人之名利得失便看得不算一回事，对于骄矜自满的毛病也可以不至有。不过因生命之短而即断为人生之无意义，我却不以为然，因为人生价值在各人所自造者何如：苟有益于世，虽短不能抹煞其价值；苟不但无益而且有害于世，则"老而不死之为贼"，多活几年只有愈糟！

我觉得做人是不得已的事情，我们并不是在未生之前自己预定好计划，由自己高兴来生在世上的，现在既不由自主的生了出来，只得做人。既然只得做，消极比积极苦痛，懒惰比奋斗苦痛，害人比救人助人苦痛，所以只想择其比较在精神上可以减少苦痛的方面做去，如此而已。这是我个人直觉的不得已在这里做人的赤裸裸的简单态度。X君所提出的"又怎样呢？""那又怎样呢？"，我只觉得无论"怎样"，既不愿立刻自尽，只得这样做去，想不出更好的办法。

最后X君认为世界上各事是无是非的，愚意亦不以为然。愚意以为是非是有的，不过在现实的世事方面未必尽能适合于应是之是与应非之非而已。试举一件小事为例，女子缠足之有碍卫生，这种是非是很显明的，但在从前盛行缠足的时代，不缠足的女子反而嫁不出去，没有人娶，则当时是是其所不应是，非其所不应非，诚如X君所谓"无是非的"。但苟能不为不合理的习俗所拘，而能用理性来研究一下"为什么"，则缠足之为有碍卫生的恶习，固有其是非所在，不因人之从违而变其本质。是非之本质既存在，能否看透真是非之所在，则在乎各人在思想上的程度而异，我们所希望者，则在具有明澈思想者能感化或提醒一般糊涂虫而逐渐增加现实情形之更能合理。试再就女子缠足一端为例，闻蔡孑民先生在三四十年前举国崇拜缠足之时，他征婚即以天足为条件之一，则在当时，他对此事之是非固为独能合理，不能谓为无是非。世界文化的进步，就在乎能由不合理的是非而逐渐走到合理的是非之路上去。我们所应努力者，也在竭力减少铲除不合理的是非，竭力增加培成合理的是非。

原载 1931 年 3 月 21 日《生活》周刊第 6 卷第 13 期。

苦痛中的挣扎

"事非经过不知难"，有人听见本刊有蒸蒸日上之势，也许以为本刊的进行一定是很顺利的了，但是我们在为社会服务方面虽得到多少精神上的愉快，而在对付黑暗的环境方面也常在精神上感觉很大的痛苦，尤其有人往往把"发达"和"发财"混在一起，以为事业既"发达"，在经济上必已"发财"，致本刊感受不少的麻烦。

本刊较前发达，我们不讳言；本刊收入较前增加，我们也不讳言。不过我们有一点要略为说明的，就是"水涨船高"，我们在事业上的正当支出随着正当收入而作同样的增加。我们最近每月仅印刷费及纸费一项已达五千五六百圆，其余一切办公费也须四千圆左右，每月总支出在万圆左右，所以我们是右手来，左手去，足以维持罢了。我们在收入方面，每月广告收入有三千圆左右，但尚不能挹注办公费，此外如本埠报贩及国内外二百余处之代销处批发，均须降低批价，不敷成本，故我们在办公费方面，为维持本刊生存计，只得力求撙节。像记者个人，现在所得的生活费，比我在五年前做中学教员并同时兼点译著工作的收入，并未增多；即其他同事，我虽采用年功加俸的办法，但以他们之勤奋劳苦，如在别的机关里，也许要获得加倍的酬报，又就办事人方面说，除办报所需要的各项人材外，本刊承读者不弃，每日赐函询问或商榷问题者，平均在百封以上，两年前只记者一人可勉为应付，最近襄助此事的同事不得不增至五人，这种经常费也须归入办公费内。记者之喋喋言此，决非有意诉穷，不过略为说明本刊虽较前"发达"而并不"发财"而已。

我说"并不'发财'"，而不说"并未'发财'"，因为我们办《生活》原不想发财。这不是唱高调，自己抬高声价，却是因为我深觉得办像《生活》这种刊物的机关不宜发财，发了财便易于多所顾虑，即在可能范围内亦不敢说话，多少不免存着"患得患失"的心理，完全消灭它所应具的独立与公正的精神。本刊现在所收入的常年订费，另外提开存放银行，作为债务，不作为收入，必俟每逢发出一期之后，才从这里面扣算一期之费作为收入。我们的用意，是万一《生活》不幸受意外的压迫或摧残而短命，我们对于所余的订费是应该寄还订户的。爱护本刊的诸君听了也许以为韬奋未免太消极了，其实我的这种态度不是消极，可说是"消极中的积极"，因为只有这样才能真正的积极。我把所有的收入用在维持或扩充本刊事业上面去，不替任何私人或机关做守财奴，不能算消极；我要使本刊不至由发财而颠顶而失其服务社会的勇气，不能算消极；我要使社会上的黑暗分子见本社不过是个空壳子而不值得觊觎，平日维持所需的费用是要靠工作的随时收入，没有积好的钱留给任何人坐享，正是延长本刊的生命，不能算消极。

上面说了许多话，不过想说明两点：（一）本刊虽发达而并不发财；（二）本刊原只要事业发达而不想发财。由第二点而又可引申出第三点，就是本刊为什么要事业发达？无非要想竭其棉薄，为社会多争得一线光明，若同流合污而图苟存，不如直截爽快的疾终正寝。很多爱护本刊的朋友，说本刊发达到现在的规模很不容易，应力加维护，勿令冒险，勿多管闲事。他们的盛意隆情，我当表示十分的感谢，但我同时以为《生活》的生存价值在能尽其心力为社会多争些正义，多加些光明，若必同流合污以图苟存，则社会何贵有此《生活》？《生活》亦虽生犹死，何贵乎生存？故我但知凭理性为南针，以正义为灯塔，以为不但我个人应抛弃"患得患失"的心理，即本刊亦应抛弃"患得患失"的态度。

原载 1931 年 7 月 18 日《生活》周刊第 6 卷第 30 期。

平等机会的教育

教育的定义，简单的说起来，可以说是帮助人经营社会生活的一种手段。社会生活随着不同的社会而差异，所以教育的内容也随着不同的社会而变换。换句话说，教育不是能凭空生长，独立存在的，却是要受制于政治的和经济的制度，而为某种政治的经济的社会之副产物，某种政治的经济的社会形态之反映。倘非一国的政治经济有办法，教育自身实在没有彻底解决的可能。本文关于教育上的建议，是指在政治经济已上轨道后，按照中国实际需要所应实施的方策。我们所希望造成的社会里，生产以社会的必要为目标，消费以满足各人的需要为原则；就是生产不以买卖赚钱为目的，消费以人人满足为理想；也就是大家劳动，大家消费，没有榨取和被榨取的阶级，而为共动共乐的社会。

在这种共动共乐的社会里，教育上至少要注意这三个原则：

第一，教育制度是统一的。在不平等的社会里面，教育制度往往分成两截。在榨取的方面，他们的教育材料内容，以专供支配者的方便为主，准备未来榨取上需要的知识能力。在被榨取的方面，不是完全被摈于这种教育制度之外，便是被授以欺骗的教育，专学准备受人榨取的基本知识能力。在平等的社会里面则不然，教育制度是统一的，无所谓什么双轨制以限制人受教育的机会，教育是人人都得一样的享受，是人人都当一样的享受。

第二，教育不是少数有钱的人的专有品。在不平等的社会里，惟有最少数有钱的或比较有钱的人才得享受教育的利益，最大多数的劳苦大众都被摈于学校教育之外。据（民国）十八年十月底教育部所发表的统计，中国全国学龄儿童的数量共有四千三百三十万余人，已得入学的只有六百四十一万余人，失学的学龄儿童竟达三千七百十七万余人之多！此外如文盲之多，如不能升学者之多，在在都表示教育为少数有钱的人所专有。在平等的社会里，入学者不必纳费，应由政府负责。

第三，教育既是给予特殊劳动力的一种手段，便应该是和劳动相联系的。在不平等的社会里，一方面养成所谓"劳心者"，一方面养成所谓"劳力者"。在政治上，"劳心者"和"劳力者"便成为支配和隶属的关系；在教育上，便造成"学问"和"劳动"之背道而驰。在平等的社会里，大家都须劳动，大家即就劳动上所需要的知能，加以研求，故所谓学问是大家共享的，和劳动是彼此相联系的，和劳动分家的教育是贵族化的教育，是拥护支配阶级的教育，不是平等的社会里所需要的。

以上是三个基本的原则，此外关于学校组织方面还有几点可以扼要的说一下。

（一）学龄前的教育即须受严重的注意——即托儿所及幼稚园教育。托儿所以收容生后二月的乳儿至三岁为止的婴儿为原则。在这里面，当然以婴儿的身体养育及健全发达为主要目的。由女医生主持，这些女医生同时也就是儿童学的研究者。托儿所之设，固为促进婴儿生物学的合理的发展及健康的维持与增进上所必要；而且在妇女职业的进展方面亦甚重要，因为在平等的社会里，工作既为人人必尽的责任，从事工作的妇女在上工时便可把婴儿付给托儿所，下工时可以领回；同时并成为妇女的职业，从事此业的妇女，可依她们专门的研究，为社会服务。

幼稚园收容四岁至七岁的儿童，接着在托儿所所建的基础之上，继续发展健全的体格，注意游戏和音乐的指导，并在幼稚园的作业和游戏生活里，一面引起儿童爱好自然研究自然的兴趣，一面依各个年龄而使受社会的组织之训练，培养群众合作的精神。

（二）在幼稚园以上的学校，我们主张根本废除现在所谓小学中学大学的名称，应把学校分为三级，第一级称基本学校，注重一般民众的基本教育，收容八岁至十四岁的儿童；第二级称产业或劳动学校，注重产业教育，收容十五岁至十七岁的青年；第三级称学术院及专门学校，则为二十岁以上（即十七岁从产业学校毕业后服务二年以上者），愿受深邃及更专门教育者而设。

（三）基本学校及生产学校均为强迫教育。基本学校内授与自然科学及社会科学的基本知识，读写本国文字，实用计算，培养对于民族全体所应有的忠勇精神。产业学校须一扫现在中学好像杂货店的不合实用的科目，集中精力于各种产业上的基本知识（社会及自然科学）及产业上特殊的实用知识与技能。各产业学校设于各种产业的中心地点，渐增其实地的工作和经验。

（四）学术教育机关的中心不是教室而是大规模的图书馆及试验室，在专家指导之下作自动的研究。由各种产业学校毕业后服务二年以上者，得由考试，或经服务机关负责的介绍，由专司此事之机关认为合格后，送入学术院或专门学校更求深造，期限二年至六年，各依职业种类而定。学术研究纯以增加服务社会效率及对人群贡献为职志。学术院注重更精深之研究，备特具发明天才者尽量发展之地，由国家供养，俾得尽展其天才，以益社会。

此外如师范教育之扩充，文盲之扫除，成人补习教育之推广，亦应限期推行期收实效。

总之，从前的教育不过为少数人骗得功名利禄的敲门砖，今后的教育当顾到全民族的全体人民的幸福，一方面要藉教育提高全体国民的生产力，一方面要藉教育训练全体民众具有接收真正全民政治的能力。

原载 1932 年 10 月 8 日《生活》周刊第 7 卷第 40 期。

人生究竟

韬奋先生:

这是怀疑很久的问题了，时常想给他以圆满的解说。但终因朋友们的议论纷纭，而搁置在漫漫无主的心里。在第五十期的《生活》里，有着这样几句话:"徒以受了从个人做出发点的人生观的流毒，自杀的自杀，腐化的腐化……要免除这种歧途而保持继续向前努力的勇气，最重要的是要把个人和社会看得清楚，要明白个人和社会的关系，要铲除从个人作出发点的人生观，确立从社会作出发点的人生观。"

当我读到这几句话时，我再二再三的读，再二再三的想，神经的兴奋，使我自习也自习不成了。

先生，倘若你肯抽出点空答复我，那是盼望欣幸之至。

人生究竟是为个人呢? 还是为社会群众? 还是二者都是? 为什么?

前年曾经尝了 Prison（监狱）的风味，去年在故乡作点事，人们都说是"特别胡闹"。于是滚蛋大吉，跑回家里去。家长给我以教训:"你跟着别人闹什么? 人家都是为了名为了利才去闹，你作什么? 为名为利? 你还没有受过刺激？受的挫折还很小？跟着别人胡混，只是为别人作垫脚石，作什么？"

我想到几位朋友的言动，我发生了很大的怀疑！"人究竟是为自己，为他人？"记得某杂志上一文里一位主人公说："猪一样的爬，狗一样的滚，向狱吏讨饶，向混蛋求情……"（原文记不清），因是她改变从前的行为，恣意去享乐去，她说她要"忠于自己"。

有的朋友们用感情激动我说："人是社会的动物，离了社会，个人就不能生存，为了求得自己的幸福，必须在求得群众的幸福以后"，我曾经被他们激动过，而同他们抱同样的见解，但有时则又怀疑着，这仍是为了自己，不得不先为社会，动机原并不在社会，而仍是自己。

有的则竟说："一切要由己推人，因为人不是为他人而生的，并不是因为有了别人，才生了自己来去助别人去，所以一切先己而后人。"我虽明知是诡辩，但还想也有一部分理由，因为人无论如何不是为别人而生存的。

但这样一来，那一切舍己为群的人们岂不尽是傻瓜了么？因此我不敢相信。

有的说那些英雄事业的首领者，多半是弃利而取名，那末也是为个人的了。

先生，我以至诚希望你的具体的答复。

敬祝

你好

甫岭

南京，十二月廿日。

答：

"动物的个体，他本身具备有他自己生存所需要的各种器官，至于人类社会的个体，自分业发达以后，他便不能没有社会而单独生活。像鲁滨逊那样没有任何机关以生产任何物件，这种事实只能在儿童故事书里及资产阶级的经济学里找得出来……人类本来就倚赖社会而受社会的支配……"（见考茨基 K.Kautsky 所著《人生哲学与唯物史观》第五章《社会主义的伦理》）。"社会之外的个人，没有社会的个人，这是不可思议的。我们也不能设想先有一个个的个人存在着，好像先存在于所谓'自然形态'中，然后走拢集合起来，由此组成社会……如果我们追溯人类社会的发展，便知道人类社会原来就是由人群组成的，决不是先由许多单独的个人，各自散居于各处，忽有一天大家觉得在一起共同生活是件好事，先在会议中谈得大家满意之后，才联合起来组成社会。"（见布哈林 Nikolai Bukharin 所著《历史的唯物论》九十五及九十六页）一个人一出娘胎之后，就在社会中生长着，就和社会结不解缘，所以在实际上个人和社会是分不开的，他的动机，他的行动，都是在社会环境中实际生活里所养成的。于此也许可提出一个问题，就是：个人为社会而生存呢？还是社会为个人而生存？也就是甫岭先生所谓："人究竟为自己，为他人？"个人要求生存，这是人类的本能，无可否认的事实，但依实际生活的经验，个人生存必于社会生存中求之，所以为社会求生存，就是为个人求生存，个人既脱离不了社会而做鲁滨逊，在实际上个人和社会即无法分开，既无法分开，个人生存和社会生存原是打成一片的，同时生存，说不出谁为着谁。不过个人不能不恃社会之生存而生存，社会却不因有一二个人或一部分个人的死亡而消灭；

还有一点，只有社会能给个人以力量，离开社会（假设有的话）的单独个人便无力量可言：所以可以说社会是超越个人的。"从个人作出发点的人生观"，往往把自己看得比社会大，甚至幻想他是可以超社会而生活的，不知道只有在社会中活动的个人才有他的相当的力量，必须看准社会大势的正确趋向而努力的，才有相当的效果可得，那些"自杀的自杀，腐化的腐化"，就是对于这一点看不清楚；倘他能了解"从社会做出发点的人生观"，便明白只有社会有力量，单独的个人是没有力量的，只有在社会中积极活动的个人才有力量可言，自杀和腐化都是和"在社会中积极活动"断绝关系的行为，决不是了解"从社会做出发点的人生观"的人所愿做的。

甫岭先生的那位朋友说"人是社会的动物，离了社会，个人就不能生存"，这几句话是对的，这是实际的情形，并不是"感情激动"。至于说"动机原并不在社会，而仍是自己"，我们如不忘记社会包括个人，个人无法自外于社会，便知道无所谓在彼或在此的鸿沟了。我们也可以用同样的观点来批评这几句话："为了求得自己的幸福，必须在求得群众幸福以后"，其实"群众"便包括了"自己"，"自己"也就是"群众"中的一分子。

个人的生存不得不附于社会的生存之中，这固然是铁一般的事实，但是有的情愿为社会的生存努力奋斗而牺牲自己，这却怎样解释呢？我以为这可分两点解释：一点是最直接被压迫被榨取的阶级，物质上及精神上均受到极度的痛苦，生和死原就没有什么区别，为求解除压迫而奋斗，幸而及身目睹解放的效果，固得和被解放的社会共存，否则虽死亦无所失。还有一点，虽非最直接被压迫被榨取的阶级，但因在社会生活中所养成的社会意识的作用，虽个人的生活比较的安逸，一看到周围的苦楚黑暗残酷的情形，也感到极度的烦闷，不得不受社会上大多数共同要求的势力所支配，愿为社会的生存而牺牲自己。

最后关于甫岭先生所提及的"为别人作垫脚石"，记者也有一点管见。社会虽是超越个人的，但个人在社会的活动，对社会当然也有相当的影响。个人在社会里的贡献，一方面固靠社会各种联系的关系给他以力量，一方面也靠他自己学识经验眼光等等。倘若有人真是用他的能力来为大众谋福利，并非为他自己或其私党谋私利，而他的这种能力确比我大，我的能力确只配做他的"垫脚石"——由这个"垫脚石"走上社会大众幸福之路，不是做他个人私利的工具——那我也肯欣然充当这样的一块"垫脚石"，而且只怕没得做！

原载 1933 年 1 月 7 日《生活》周刊第 8 卷第 1 期。

怎样看书

"自修有许多的困难，这是实在的。但这些困难并不是不能克服的。第一，我们要有决心。学校的功课，即使它不是我们所高兴研究的，但我们怕考试不能及格，致不能升级或毕业……不得不勉强读它，至于自修，是没有这种外界的推动力的；是完全出于自动的努力，然而自动的努力所求得的知识，才是我们自己的知识，才能长久的保存着。为要通过考试而读的书，考试一过去，就忘得干干净净了！因受教师之督促而读的书，一离开了学校，就完全抛弃了！只有为自己和出于自己的努力的，才能永续地研究下去……"

这一段话是在《怎样研究新兴社会科学》（柯百年编）一书里面看见的，这似乎是平淡无奇的话，但凡是在社会上服务后感觉到知识上的饥荒的人，对于这几句话想来没有不引起特殊感触的。我们感觉到知识上的饥荒吗，只有下决心，自动地努力于自修，永续地研究下去。一天如至少能勉强抽出时间看一小时的书，普通每小时能看二十页，一年便可看完三四百页一本的书二十几本，四五年便是百余本了，倘能勉强抽出两小时，那就要加倍了。记者最近正在编译《革命文豪高尔基》一书，全书约十五万字。已写完了三分之二，其中最令我感动的是高尔基艰苦备尝中的无孔不钻的看书热，我执笔时常独自一人对着他的故事失笑。

不过看书也要辨别什么书，有的书不但不能使人的思想进步，反而使人思想落伍！有位老友从美国一个著名大学留学回来，他是专研政治学的，有一次来看我很诧异地说道："我近来看到一两本书，里面的理想和见解完全是另一套，和我在学校里所读的完全两样，真是新奇已极！"原来这位仁兄从前所读的都不外乎是为资产阶级捧场或拥护不平等的社会制度的学说，受了充分的麻醉，他的这种"诧异"和"新奇已极"，未尝不是他的幸运，他也许从此可从狗洞里逃出来！

此外关于看书这件事，还有两点可以谈谈。第一点是以我国出版界之幼稚贫乏，能看西文原书的当然愉快，如看译本，糟的实在太多，往往书目很好听，买来看了半天，佶屈聱牙，生吞活剥，莫名其妙！钱是冤花了，时间精神更受了无法追回的莫大的损失，我们要诚恳的希望译书的先生们稍稍为读书的人设身处地想想，就是不能使人看了感到愉快，感到读书之乐，至少也要让人看得懂。第二点是在这个言论思想自由的空调尽管唱得响彻云霄的年头儿，看书也有犯罪的可能，常语谓"书中自有颜如玉"，如今"书中"大可引出"铁窗风味"来！什么时候没有这种蛮不讲理的举动，便是什么时候望见了社会的曙光。

原载 1933 年 1 月 7 日《生活》周刊第 8 卷第 1 期。

略谈读书的方法

一

自从苏联一个又一个的五年经济计划实行奏效之后，经济学家都喜谈"计划经济"，其实不但经济应有计划，就是读书也应该首先有一个计划。有些人读书没有一定的目的，今天随便拿一本看看，过几天又随便拿一本看看，这样读书，虽不能说他在知识上不是没有一些进步（这当然是指内容正确的书），但是"无政府状态"的读书，收效究竟是很少的。所以我们读书应该首先有一个计划。

读书要有一个计划，必先决定自己所要研究的科目或中心问题。在学校里读书，学校里有着一定的课程，这课程便是学校替学生规定好的读书计划，你决定要读那一科，便须依照那一科的课程读去。这种读书计划比较的呆板，不能随着个人的选择而随便更动的。但在外国大学院的研究，便比较有伸缩性，要由选定了科目或中心问题的学生，和他们研究的科目或中心问题有关的教授，共同商定读书的计划。在这个计划里，依所商定的时间（一年或二年），根据所欲研究的中心问题，把必须读的书和必须参考的书列举出来，在列举之中把各书的先后和研究的门径与方法都有系统地规定好。整个计划规定之后，学生便依据这个计划，在这位教授经常指导之下，研究下去。这种教授大概都是与某科或某中心问题有关系的专家乃至权威，他对于这一科或这一中心问题，当然彻底知道研究的方法和阅读的门径，对于学者是很有帮助的。学者在这样有计划的指导下，如真能切实研究下去，到了相当的时期，他对于这一科或这一中心问题的学问，可以得到完备的基础，如有志再深造，可作进一步的计划，根据第一个计划作进一步的研究。

我在英伦求学的时候，看到有好些中国的朋友不愿意读学位，认为学位头衔是没有什么意思的，但是遇着他们自己没有一定的读书计划时，我还是劝他们选读一个学位，因为要是选读一个学位，必须经过上面所说的手续，即必须选定一个中心问题，和一个有关系的教授共同商定一个读书计划，多少可以得到有系统的益处，比之没有计划的胡乱阅读有益得多。

以上所谈的虽然是偏于叙述外国大学院里的研究情形，但记者的意思当然不是说读书的人非到外国大学院里去不可，只是要介绍这种有计划的读书的原则，以备有志读书者的参考。

我特别声明，这种有计划读书的原则，在校外自修的人也可以采用的。

此外再举一个例子谈谈。在伦敦的英国博物馆的图书室里，对于每一专学的部门都有很明白的重要著作书目，可供读者随意查阅，非常便利。西文书籍还有一个优点，就是在一书后面，常有很有系统的参考书的介绍，尤其详细的是在书末对于书内每一章的课题都有书目的介绍，这书目的介绍不仅是随便撮举几本为著者所看到的，却是就每一章的课题范围，举出关于研究这个课题所必须看的重要参考书，而且把这些参考书依着程度深浅而排列着。这样的参考书介绍，于读者有极大的帮助，由于名著者或权威所指示的这种参考书介绍，差不多就可以等于该部门专学的读书计划。读者依着这个介绍，在图书馆里简直好像是在掘金矿似的，越"掘"越有趣味。这种办法虽不是在学校里有名师共同商定之读书计划，因为是由于自己努力"掘"出来的，可是有名作家对于某种专学的参考书作有系统的介绍，在原则上也就等于有人领导，至少是读者自己有方法找到名作者的领导。我深深地感到图书馆里的良好的书目分类及著者在书末的有系统的参考书介绍，是帮助我们造成读书计划的最好的工具。在中国，图书馆的设备实在太少而又太贫乏，关于专学的著作，对于参考书作有系统的介绍也不多见，这是使读书的人受到很大的妨碍或不便。我们在这两方面都应该特别努力。

这当然也不是说在现状下我们就绝对不可能有读书计划。我们还是可以尽可能地替自己定下一个读书计划。首先我们要决定那一部门的学问，或那一个中心问题，然后根据这个对象，就现在可能得到的书，由浅而深，分成几个研究的阶段，按着规定的时间，有计划地读下去，即不能有三年五年的计划，至少应有一年半载的计划。在这一年半载中，随时随地注意关于这一部门或中心问题的材料。除必要的有关的书籍外，如有充分的时间，其他方面的书报也尽可以看，但却以能够包围着这个中心问题为前提，而不是心目中毫无对象的乱看。这样有计划的读书，才有较大的收获。

二

对于任何部门的学问，如有意深造，最好能学得阅读一种外国文的能力。只能阅读本国文的人，关于外国的名著，当然也有译本可看，但是在我国译述的缓慢，以及正确译本的不易多得，阅读外国文的能力仍然是很重要的。就是在欧美各国，有志研究较深学问的人，对于一种或二种外国文的阅读能力也是很注重的。例如英国的专科学生，大学教授，大都能够阅读法文或德文的书籍，苏联是大众对于学习最热烈的国家，你在他们的青年学生里面，在他们的学者里面，乃至男女工人里面，随时随地可以发现他们有的能读德文，有的能读法文，有的能读英文。这是因为学术是没有国界的，学习狂愈高，外国文的阅读能力愈有迫切的需要。

能读一种外国文的人，读原文的社会科学的书，比读译文舒服得多迅速得多，也就是可以使读书的效率增加得多。正确的译本不易得，尤其是较深的书，常常易被译者译得"走样"，所以我甚至于感觉到仅能看译本的人看得很多之后，把许多"走样"的知识装满了一脑袋，在思想上也许不免要含有多少危机！所以我要奉劝真有志读书的青年朋友，最好能够学习阅读一种外国文的能力。这并不是一件很难的事情，学习读外国文，只须读得得法，一二年至二三年的努力是可以达到目的的。在我所认识的朋友，就有不少是自修（开始当然需要人教，但不一定要入学校）外国文而能够阅读外国文书报的。为着自己在学识上的深造起见，这种能力实在值得我们来培养。

原载 1939 年 2 月 1 日重庆《读书月报》第 1 卷第 1 期。

学习与读书

本港程明先生：

（一）学习的根据有二种：一种是根据你在工作上的需要，选习在这方面所需要的知识；还有一种是根据你自己所爱好的科目或所爱好研究的问题，就这方面的范围，搜集研究的材料。

（二）你为你们的厂里的一个团体所出的月刊的干事，感到材料缺乏，又不知用什么做主要材料。这要看这个月刊的宗旨，根据宗旨选用主要的材料。如果这个月刊是为促进同人修养而存在的，便可从同人修养上的有益材料着手。如果这个月刊是为着增加同人技能而存在的，你可从同人工作上所需要的实际材料着手。稿件缺乏，最好设法鼓励厂内同人投稿，或在同人中选得若干比较对此事有兴趣而又比较善于写作的人，组成编辑委员会，按期分配稿件，比一个人独撑，也许较有办法。此外如需要厂外的投稿，你也可以就友人中留意可以帮忙写作的人，加以特约。

（三）你的书架上已放满了书，不知从那篇着手看起，大有鱼与熊掌排列满前而不知从何着筷之感。这问题比较容易解决，要用一双筷子同时夹鱼与熊掌，很困难，不妨先吃鱼而后吃熊掌，或先吃熊掌而后吃鱼，孟老夫子对于鱼与熊掌所以感到困难，是二者不可得兼，顾此失彼，你既得兼，只是先后问题，选你最喜欢吃的先吃就行。倘若你都一样地喜吃，也可以随便先吃任何一样，反正你都可以吃到的，略有先后，并不妨事。

原载 1941 年 10 月 4 日香港《大众生活》新 21 号。

第二辑　目标与名声

集中的精力

不分散精力于许多不同的事情，专心一志于一件最重要的事业，这是现今世界上要成功的人的一种极重要的需求。在这种需要集中注意集中精力的时代，凡是分散努力不能有所专注的人，绝无成功之望。

成功者与失败者大不同之点，并不在他们所做的工作的分量，是在乎他们工作的效率。有许多失败的朋友，他们所做的事并不少，讲到量的方面，与成功的人比起来，并无逊色。但是他们却是瞎做，不晓得利用机会，不晓得由失败里面获得教训；他的大毛病就是身手虽在那里做，精神上却没精打采的，并未曾用他全副精力，专注于此，所以虽然做了，徒然白费工夫。

这种人只晓得埋头苦做，你倘若问他目的何在，他就瞠目莫知所对。我们要知道，我们要寻得什么东西，心里先要存着要寻得这东西的观念，否则物且无有，何寻之有？环集于花上的昆虫，不止蜜蜂，但是采蜜以去的只有蜜蜂。

集中的精力，不但宜用于工作，就是研究学问，非集中精力，一定像走马灯一样；就是游戏，也非集中精力去玩，不能获到休养身心的良果。

钦斯来（Charles Kingsley）说得好："我专心致志于一件事情的时候，好像在世界上只有这一件事。"惟其能如此，所以关于这事的前前后后，无不留心，无不竭精殚思，便做成有智力的工作（intelligent work），不是瞎撞的事情。

你若教一个小孩子学走路，引诱他的眼睛望着一件特殊的东西，他便精力集中，望着这件东西走，特别稳妥，特别敏捷，你倘若在各方诱他叫他，他便分散注意力，上你的当，一失足便跌了下来。这件小事很可以说明集中精力的妙用。

试就艺术说，无论什么真正的艺术，明确的目标，是其中一个重要的特色。如果有一位画画的人，他把许多观念，同时都堆入一张帆布上画了起来，并无或轻或重之处，便是画成一张乱七八糟的画，决不能成为一位画家。真正的画家，却要利用种种的变异，把一个最主要的意思托现出来，好像其他许多景物，许多光线，许多颜色，都是向着那个主要的意思为中心，共同把他表现出来。

人生也是如此，所以良好和融的生活，无论才能如何广阔，学识如何丰博，一生总须有一个做中心的大目标。在此目标之下，才能学识等等都好像是附属物，共同把他逐渐表现出来，陪衬出来。

原载 1927 年 10 月 16 日《生活》周刊第 2 卷第 50 期。

敏捷准确

成功是一对父母产出的宁馨儿——敏捷与准确。无论哪一位成功的人物。他一生里面总有"一发千钧""稍纵即逝"的重要关头，当这种时候，倘若心里一游移不决，或彷徨失措，就要全功尽弃，一无所成！

错误　遇着事就敏捷去做的人，就是偶有错误，也必终抵于成功！一个因循耽误的人，就是有较好的判断力，也必终于失败。

救星　一个不幸做了"迟疑不决"的牺牲者，其唯一的救星是"敏捷的决断，果敢的行为"。

欺人　对事要敏捷，还要准确。与人交际人最寻常而却最神圣的准确是践约。与人约了一定的时候，临时不到或迟到，除有真正的万不得已的理由外，便是一件有意欺人的事情，在新道德方面是一件切忌的恶根性。

华盛顿　华盛顿做总统的时候，常于下午四点钟在白宫宴请国会议员，有的时候有几位新议员到得迟，到的时候看见总统已坐在那里吃，不舒服的意思形于神色，华盛顿便老实对他们说："我的厨子只问预约的时间到了没有，从来不问客人到了没有。"

拿破仑　拿破仑有一次请几位他的大将用膳，到了预约的时候，那几位大人还没有到，他一个人大嚼一顿。等他们来了，他已经吃完，离座对他们说："诸君，用膳的时候过了，我们立刻要去办公。"

信用 敏捷是信用之母。敏捷最能证明我们做事有序，做得好，使人信任我们的能力。至于确守时间的人，常是能够守信的人，也就是可恃的人。

原载 1927 年 10 月 23 日《生活》周刊第 2 卷第 51 期。

坚毅之酬报

一个人做事，在动手以前，当然要详慎考虑；但是计划或方针已定之后，就要认定目标进行，不可再有迟疑不决的态度。这就是坚毅的精神。

大思想家乌尔德（William Wirt）曾经说过："对于两件事，要想先做那一件，而始终不能决定，这种人一件事都不会做。还有人虽然决定了一件事的计划，但是一听了朋友的一句话，就要气馁；其先决定这个意思，觉得不对，既而决定那个意思，又觉得不对，其先决定这样办法，觉得不对，既而决定那样办法，又觉得不对；好像船上虽然有了罗盘针，而这个罗盘针却跟着风浪而时常变动的；这种人决不能做大事，决不能有所成就，这种人不能有进步，至多维持现状，大概还不免退步！"

有一个报界访员问发明家爱迭生："你的发现是不是往往意外碰到的？"他毅然答道："我从来没有意外碰到有价值的事情。我完全决定某种结果是值得下工夫去得到的，我就勇迈前进，试了又试，不肯罢休，直到试到我所预想的结果发生之后，我才肯歇！……我天性如此，自己也莫名其妙。无论什么事，一经我着手去做，我的心思脑力，总完全和他无顷刻的分离，非把他做好，简直不能安逸。"

坚毅的仇敌是"反抗的环境"，但是我们要知道"反抗的环境"正是创造我们能力的机会。反抗的环境能使我们养成更强烈的抵御的力量；每战胜过困难一次，便造成我们用来抵御其次难关的更大的能力。

文豪嘉莱尔（Carlyle）千辛万苦的著成一部《法国革命史》。当他第一卷要付印的时候，他穷得不得了，急急忙忙的押与一个邻居，不幸那本稿子跌在地下，给一个女仆拿去加入柴里去烧火，把他的数年心血，几分钟里烧得干干净净！这当然使他失望得不可言状，但是他却不是因此灰心的人。又费了许多心血去搜集材料，重新做起，终成了他的名著。

就是一天用一小时工夫求学问，用了十二年工夫，时间与在大学四年的专门求学的时间一样，在实际经验中参证所学，所得的效益更要高出万万！

原载 1927 年 11 月 27 日《生活》周刊第 3 卷第 4 期。

靠得住

近有一位朋友乔迁到一所洋房，在一个星期日，请了几位老友吃中饭，座中有一位朋友说该处及附近许多房子，由某地产营业公司用一个人专任收租，每月薪金拿一百五十圆，看上去事务简单，并用不着什么本领。旁有另一朋友插着说道：这一百五十圆似乎不偏重什么本领，是要换得"靠得住"三个字。

上星期看见营业正在蒸蒸日上的某公司经理，因为发现派出去的一个调查员受了贿，便雷厉风行的叫他"滚蛋"，他所持的唯一大理由是"靠不住"。

不但经手银钱，有"靠得住"与"靠不住"的大区别；就是经手其他的事务，也是一样。

某机关的领袖用了一个很特别的人。这个人我也见过，真是"怪头怪脑"到十二分！他无论看见什么人，总是始终挂着一副板面孔！无论对什么人说话，总是命令式的口气。有几次叫他出去接洽事情，总是做到得罪人才休。所以到处不为人所容。遇着那位领袖，却看出这个人一万分的靠得住，出了月薪五十块钱，专叫他在办公室一个角里替他编造全机关的各项事业收支统计，永远不叫他再拿那副赤板面孔去外面见人，免他再去发表"命令"。他的统计却做得一丝不苟，数数准确。我提这件事，当然不是说这个怪人是可作模范。我的意思，就是怪到这种地步，能

"靠得住"，还有用处。

社会上用人的都特别注意"靠得住"。靠不住的人就有奇才异能，只有更靠不住，靠得住的人再有奇才异能，更易"飞黄腾达"。靠不住的人幸而"飞黄腾达"，终有跌一跤爬不起来的日子！

原载 1928 年 1 月 1 日《生活》周刊第 3 卷第 9 期。

老而不老

　　伍廷芳博士以善诙谐闻于世，他在美国做公使的时候，美国交际场中遇有聚会，差不多非有伍老博士便不能尽欢，尤其因为他的年纪虽老，而兴趣浓厚，笑颜常开，笑话常有。

　　有一位朋友告诉我，伍老博士有一次在南洋中学演说，一走上演台，就先用一句英语说："I am seventy years young！"弄得全堂哄笑！这位老头子真会掉枪花！我们知道英语说多少岁数，总是说"怎样老"，十岁的说"十岁老"，二十岁的说"二十岁老"。伍老博士到了七十岁，偏说"我是七十岁幼"！这是表示他老而不老！年老而精神不老！

　　伍老博士所用的"幼"字代"老"字，在英语尤能相映成趣，非译文所能尽达。

　　一个人年岁大而老，是无可如何的事情：但是虽年老而精神要不老，否则便是"老朽"。

　　现在还有一班年轻的人，未老而已老，或则"老气横秋"，或则"暮气沉沉"，那就更不应该！

　　老年人的好处在有经验，在持重，在镇定；少年人的好处在有勇气，在肯做，在向前。倘能把这两方面的好处合起来，老也好，少也好，都是大有作为的人物。

　　原载 1928 年 3 月 11 日《生活》周刊第 3 卷第 17 期。

胡适之先生劝人发痴！

最近各省教育代表及教育专家，在南京开全国教育大会，极一时之盛。各代表及专家会后到沪，商务印书馆在东亚酒楼设宴款待，胡适之先生演说，竟大劝人发痴！他说我们无论做什么事业，若能做得发痴，总有多少成效。像王云五先生近来对于四角检字法的提倡，便有点发痴：东演说，讲四角检字法，西演说，也讲四角检字法，东拉西扯都不外四角检字法，好像天地间只有这一事，简直成了一个痴子！

胡先生说到这里，又提到在座的杨卫玉先生。他说杨先生开口职业教育，闭口职业教育，也好像天地间只有职业教育是最重要的，也成了一个痴子！

最后胡先生现身说法，他说他自己数年前对于白话文的提倡，也是痴得很，所以不无成效；最近所提倡的"汽车文明"，是随随便便说的，并没有做到痴的程度，所以还不见什么成效。

胡先生劝人发痴，这种痴子大可以做得！

世界上科学发明家兼作痴子的很多很多！试举一二事为例。相传发明引力原理的牛顿（Sir Isaac Newton）有一天早晨正在凝思，旁置一炉，炉上一小锅开水，女仆置蛋其旁，备他煮吃，他想到一半，竟把手中的表当作鸡蛋放入锅里大煮而特煮，把一只好好的表煮坏了！痴得可以！

现在还健在的电学发明家爱迭生（Thomas A.Edison），听说他结婚的那一天，和他的新夫人同乘一辆车子经过他的实验室，他忽然想起实验室里一件正在实验的东西，把车子停在门口，请他的夫人略等一下，他自己跑进实验室里去验一下，不料他这位"痴子"新郎进了实验室之后，一心一意想着所实验的东西，东挖西摸，竟又实验起来，把新娘忘在门外！后来那位新娘等了大半天，实在等得不耐，跑进实验室去问一下，"痴子"新郎看见了新娘，才恍然若醒！陪着一同回去。这真痴得可以！

我国俗语有句话说："精诚所至，金石为开。"本文里所谓"痴"，就是"精诚所至"，不但"好之"，而且"乐之"，能有这种"发痴"的精神，虽排万难，若行所无事！"痴子"盍兴乎来！

原载 1928 年 6 月 24 日《生活》周刊第 3 卷第 32 期。

强盗一变而为小说家

在美国渥海渥州（Ohio）的监狱里，最近有一个强盗一变而为小说家。这个犯人在狱里的号码是五二四一〇，姓麦飞，名约翰（John Morphy），五年前在该州麦利翁城（Marion）犯了一起盗案，捉到官里去，定罪十五年有期徒刑。

他初入狱的时候，对于小说作法，毫无所知，而且不过受了初等教育。但他入狱的时候，立志在这长期拘禁的时间内，把自己造成一个小说家。于是他着手阅读关于短篇小说的著述，同时因为他自己英文程度太浅，进了一个英文函授学校。他这样发愤的用了四年的苦工，才开始作他第一次的短篇小说，就被一家杂志采用，居然登了出来，并且非常赏识，写信叫他继续的做。据说旧年一年里他继续的作他的短篇小说刊登杂志，共得稿费金洋七千圆（合中国国币在一万四五千圆，每月竟有了一千圆以上的收入）。

这件事情被州长杜纳海（Gov. Donahey）所知道，就把他减刑，于本年三月一日起试放以观后效。那一天这位由强盗出身的小说家欣欣然把一只衣箱装好，由渥海渥州买了一张火车票直往纽约，和几位出版家商售他近著的一本小说，现在已有买主，几个月内即可出版。他靠着他的一枝笔，虽监狱铁门的牢固，亦关不住他！

在下报告这件事，当然不是说强盗有什么提倡的价值，也不是说坐监牢是一件什么可喜的事情；我们所要特别注意的是人材高下，视其志趣，苟不甘下流，力自奋勉，有决定不移之志，有勇猛精进之心，虽强盗尚有去恶从善，蔚成著作家的希望，常人更不消说了。这是第一点。

一个人不怕目前的学识程度浅，根底薄，只怕不肯求进步，无心求进步。像麦飞只受过初等教育，英文程度又浅，居然因四年的勤奋，成了一位著作家，可见要使浅的程度变成深，薄的根底变成厚，全在人为。这是第二点。

人家敬重或唾弃，其权似乎在人，其实仍是在己。做了强盗便受社会的唾弃，做了著作家便受社会的敬重。一个人只要自己咬紧牙根，力图自强，不必孜孜于求人知，不必以凡人的毁誉而撄其方寸。这是第三点。

原载 1929 年 5 月 12 日《生活》周刊第 4 卷第 24 期。

拿得定主意

偶遇老友翰才，他说非常表同情于本刊屡次提及的"尽其在我"的态度。他说一个人能有这样的态度，便自己拿得定主意；有人誉我，不因之而骄，有人毁我，亦不因之而惧；我但知尽我心力往前做去而已。

韩退之曾经说过："士之特立独行，适于义而已；不顾人之是非，皆豪杰之士，信道笃而自知明者也。"天下最苦恼的人，莫甚于自己没有主意，或自己拿不定主意，一以他人之毁誉为忧喜。曾涤生也曾经说过："凡喜誉恶毁之心，即鄙夫患得患失之心也。于此关打不破，则一切学问才智，适足以欺世盗名。"这个地方，当然要注意我们心中先有了尽忠竭诚无所愧怍的"主意"，然后才说得到"拿得定主意"，否则便流入"笑骂由他笑骂，好官我自为之"的卑鄙龌龊的无耻态度。

大抵任事的人，范围愈大，愈不能有誉而无毁，有恩而无怨，但求尽其心力，为大多数人的福利，开诚布公的往前做去而已。能抱定"尽其在我"的态度，便常常能将此心放在太平地。

原载 1929 年 6 月 16 日《生活》周刊第 4 卷第 29 期。

劳而无功

朋友里有几位做了知县老爷，都可算是英俊有为，廉洁公正，一洗县公署即是藏垢纳污之所的观念。前天有位老友，他是在沿着京沪路一个重要区域的县里做县长，也是我所谓"英俊有为廉洁公正"者之一，来沪顺道见访，他说固然是努力的干，但在此政治未上轨道的时候，总觉劳而无功。我说你"努力的干"很对，觉得"劳而无功"却很不对。

依区区冷眼观察世事及纵览历史所得的教训，深觉天地间既决没有"无因的果"，也决没有"无因的因"，你用了多少工夫，迟早总有这多少工夫的反应；也许时间有迟早，表现有明晦，范围有广狭，绝对不至白费工夫。就是自己觉得完全失败了，失败自身就给你学了乖，也不能算白费了工夫；而且依我的信念说，失败就是成功的前导——事业愈大愈是如此——所以就是失败，只要你肯从失败中得到经验再继续不断的干，必有达到目的或至少更能接近目的的时候。

由此信念而再进一步想，我最爱这几句话："不问收获，只管耕种，不计成败，只知努力。"

原载 1930 年 1 月 12 日《生活》周刊第 5 卷第 7 期。

自觉与自贱

自觉心是进步之母，自贱心是堕落之源，故自觉心不可无，自贱心不可有。本期沧波君自英通讯。提起我国驻外的公使馆领事馆，有的连牌子都不愿挂，国旗都不愿悬，这种习惯是否已普及于我国驻外的外交机关，虽不可知，但有此事实之发现，已足引起国人的注意。我们试分析这种心理，实含有自己看不起自己的祖国，自己不愿做中国人的意味。试再做进一步心理上的分析，便知这是发生了自觉心以后的自贱心。以堂堂代表一国的外交官，乃具有这种自贱心，已属可痛，而依默察一般人所得，深恐这种变态的心理不仅限于所谓外交官也者。这种潜伏的祸根，苟非铲除净尽，则我们的民族前途实祸多而福少，进步减少希望而堕落的路愈跑愈远。

所谓自觉心，简言之，即自觉有何长处，便当极力保存而更发扬光大；自觉有何短处，便当极力避免而更奋发有为。自觉心所以能成为进步之母者，即在乎此，若自觉有所短而存着自贱的心理，便是自甘永居卑劣的地位，所得的结果是颓废，不是进步。

我国在此混乱时代，当然有许多不满人意的地方，我们所该努力的方向是要靠我们自己群策群力把不满意的地方使它变成满意，否则你尽管不愿做中国人。终究是中国人。不愿挂中国牌子不愿悬中国国旗的中国公使或领事，不见得就因此一跃而为其他什么特别出风头国家的大公使或大领事；不见得就因此可以获得别人的特殊尊重。想穿了这一点，我们自觉之后，只用得着自奋，用不着自贱。我们当光明磊落泰然坦然的做中国人，尽我们心力做肯求进步的中国人。无所用其自大，亦无所用其自贱。

原载 1930 年 11 月 16 日《生活》周刊第 5 卷第 49 期。

误解与谅解

最近出版的第一卷第五期《新亚细亚》月刊里面有一篇长文，题为《南洋与中国革命》，记胡汉民氏自述随中山先生到南洋发动革命和筹款的情形，饶有趣味，记者特欲提出其中两件事来谈谈。第一件：同盟会成立后之第二年（民国纪元前六年）萍乡、醴陵的义举虽失败，而民气的激扬已不可复抑，中山先生认为时机不可失，一面派同志到各地分头发动，一面偕胡氏离东京赴安南进行。但一时盘费无着，幸有日人铃木仗义疏财，赠盘费万圆。先生拿二千圆交民报社做出版费，余款全做同志的路费。此事给章太炎知道，以为铃木赠万圆要全交给《民报》，被先生吞没了八千圆，大闹大吵，把挂在民报社的孙先生的照片撕下，下面批着"卖《民报》之孙文应即撤去"！后来孙先生派同志到日买军火，他竟乘机报复，多方破坏，大受其累。

第二件：孙先生偕胡氏抵安南河内后，即从华侨方面筹款，叫胡氏发出两个电报，有一个发给张静江，并说这两个电报发出一定有款来的。胡氏从未听见张名，便问先生这位张静江是什么人。先生答道："他是一个很奇怪很豪爽的人，我有一回到欧洲去，在船上碰到了他，我们通候了一下，他就问我：'你是主张革命的孙某吗？'我说'我是孙某'，他听了很高兴，就很爽直的说：'你是主张革命的，我也是很赞成革命的。我在法国做生意，赚了几万块钱，你发动革命时，我目前可拿五万圆来助你。打电报时依着 ABCDE 的次序，A 字要一万圆，B 字二万，E 字五万'，我觉得这个人是个信实人，所以我就要试试这个密码灵不灵了。"胡氏依先生的话打了一个 A 字去，果有万圆汇来，后来用费不够，先生就说："他是个很爽直的人，我们就打一个 E 字去吧"，又打了 E 字之后，果然连五万圆都汇来了。事后先生叫胡氏写一封长信给他，告明两广边地情形及此回发动之经过与今后之计划，张氏托人传语，说彼此心中明白，以后勿写长信，免误事机。

章氏为党内人而当时对孙先生竟有那样的误解，张氏当时和孙先生不过萍水相逢，却对他有这样彻底的谅解，这两种情形都似异乎常态，但张事不易逢，章事则往往不免，前者固大有裨益于事业之进行，后者苟由常人遇之，亦易于心灰意冷，阻碍进行，而孙先生独未闻因此而有所摧沮，误解尽管误解，阻挠尽管阻挠，他还是依着他的宗旨他的计划千弯百曲继续不断的向前做去。这是我们可注意的第一点。当时孙先生之受诬，是非似有混淆之痛，但时至今日，孙先生之坦白为国，谁犹猜疑？章氏之撕像狂批，徒贻笑柄，可见自问果属无他，心怀原为纯洁者，一时是非之混淆，不足计较，水落石出，终有其时，大可不必如韩退之所谓"一凡人誉之，则自以为有余；一凡人沮之，则自以为不足"。这是我们可注意的第二点。中山先生将离东京，盘费无着，临时始有人慨赠旅费，到安南后，发动革命需款孔亟，临时始打电报"试试"，可见只须打定宗旨，竭力规谋，随时随地设法促成，此中实含有不少冒险精神，渡一难关算一难关，渡两难关算两难关，节节遇难，节节克难，只知坐愁空虑，不想对付当前者，不足以语此。这是我们可注意的第三点。

原载 1931 年 2 月 28 日《生活》周刊第 6 卷第 10 期。

办事上需要的几个条件

除了尸位素餐的官吏，坐领干薪的蠹虫，及游手好闲的纨绔子弟外，大概都不能和办事绝缘，所谓服务社会的"服务"两字的意义，也就是办事的意思。办事上所需要的条件，如在理论方面唱高调，简直可以著一本很厚的大作，但记者在此文所欲论述者，决不愿徒发空论，乃根据事实上的观察，与实际上的体验，以为我们在办事上有几个切实需要的条件。

假定一个人对于他所办的事，已具有相当的知识技能，他在职务方面能否胜任，至少还要看有无两个最低限度的条件：第一是肯切实的负责，第二是有细密的精神。

求之我国历史上的人物，其负责精神最足令人感动者，殆莫过于诸葛亮。他原来是"臣本布衣，躬耕于南阳，苟全性命于乱世，不求闻达于诸侯"，初不必负什么重要的责任，后来他因为"先帝不以臣卑鄙，猥自枉屈，三顾臣于草庐之中，咨臣以当世之事，由是感激，遂许先帝以驱驰"，于是他不负责则已，既已负责，便毅然"受任于败军之际，奉命于危难之间"，甚至不顾成败利钝，"鞠躬尽瘁，死而后已"，其忠肝义胆，照耀千古，故"出师未捷身先死，长使英雄泪满襟"，其感人之深一至于此，全在他的负责精神。刘备在时他负责，刘备死后他还是负责，生死不渝的负责。我们平常办事，固然用不着张大其辞，一来就说到

"死而后已";但既受信托办理一事,在人面前随口承诺的答应了下来,一转身便马马虎虎:办得好不好不管,时间赶得上赶不上不管,推一步走一走,催一次快一点,你不留神督促查询,他便随意宕挨延误,或草率交卷,好像货出不退换,满不在乎!遇着这种宝贝,你一次或两次上了当,以后简直不敢领教。事业范围愈大,你个人的督察能力愈难,所需要肯负责的同志愈亟,但对自己私事肯切实负责的多得很,对公事肯切实负责的实有如凤毛麟角。故肯切实负责的人,实为办事上最渴望而不易得的同志,因为只有这种人能使你放心,能分担你的责任。

其次最感缺乏的便是细密的精神。细密的对方便是粗忽,或是卤莽。姑舍大事而以小事为喻,有人替你誊写一封信,总要替你誊错几个字,使你非自己过眼总不能放心发出,其实只要于誊后细密的看一遍,便没有这个毛病。又如有人替你发信,也许把甲的信套进乙信封,把乙的信套进甲信封,弄得两边不接头,遇有重要的事件,时间上手续上的延误固不必说,有时信件内容有秘密之必要,他却如此替你公开起来!有时有附件要加入,他把这信发出,附件还附在他的办公桌上!小事如此,大事你便不敢交托他了。

以上两点是我们所可认为办事的最低条件,这都是可以用意志的力量和训练的工夫养成的。在"最低"之上,如要再作进一步的要求,愚意以为还有一个条件,便是自动的精神和创造的能力,能就所负的责任范围及所做的细密工作上,想出更好的计划,定出更好的办法,精益求精,与时俱进,此则具有超卓思想的异材,发展事业的柱石,不仅能不负所托而已。

原载 1931 年 4 月 11 日《生活》周刊第 6 卷第 6 期。

能与为

"能其所为"与"为其所能"而能合并，在个人在社会都是莫大的幸事；初虽未能，肯学习而做到能，则由"为"而"能"，亦尚可有为；最下者虽"能"而不"为"，或不能而妄为。

一人事业上之成就与其能力为正比例；且自文明进化，分工愈精，则能力之专门化亦愈密，能于此者未必亦能于彼，故与事业之成就为正比例的能力，尚须注意其所专者是否适合于其所为。果有相当的能力，而此相当的能力又适合于所做的事业，其效率之增高，业务之发展，实意中事，在社会方面之兴盛繁荣，全恃此种事业获得此种人材；在个人方面之感觉兴味与愉快，亦全恃此种人材有机会尽心竭力于此种事业。此即所谓"能其所为"与"为其所能"合而为一。故有志于某种事业者，与其临渊羡鱼，毋宁退而结网，结网无他，即当对于此某业所需要之能力先加以充分的准备。昔人所谓"水到渠成"，所谓"左右逢源"，都是有了充分准备以后的亲切写真。

能力之养成，常有待于实际应付问题与处理事务时之虚怀默察，领悟诀窍，故"学"与"为"常可兼程并进，互有裨益。在此原则之下，虽最初有所未能，或能而未精，只须肯存心学习，未尝不可由"为"而"能"，古今来有不少对社会有重大贡献的人物，虽未有领受正式教育之机会，而犹能利用其天赋，由困知勉行而卓然有所树立者，都是由这条路上走出来的。不过要走得上这条路，一下走不到康庄大道，必须不厌曲径小路之麻烦；换句话说，即勿因事小而不屑为，当知"百尺高楼从地起"，天下决无一蹴即成之事，亦未有一学即能之业，无不从一点一滴的知识经验积聚而成，若小事尚不能为，安见其能为大事？

尤可悯者为虽"能"而不"为"。一种事业所以能有特殊超卓的成绩，全恃从事者能以满腔热诚全副精力赴之。若因循苟且，敷衍暇逸，即有能力，无所表现，虽有能为之能，等于不能，虽有可能，永为不可能。这种毛病，不在相当知识之无有，实在良好品性之缺乏——尤其是服务的精神与忠于所业的态度。还有一个大病根，便是畏难。这种人仅见他人之成功，而不知他人之成功实经过无数次之失败，实尝过无数次之艰苦。常人但见成功之际之愉快，不见苦斗时代之紧张；但闻目前的欢声，岂知已往的慨叹？任何事业的成功史中必有一段伤心史，诚以艰苦困难实为成功必经的阶段，尤以创业者为甚，虽已有"能"，在创业时期中必须靠自己打出一条生路来，艰苦困难即此一条生路中必经之途径，一旦相遇，除迎头搏击外无他法，若畏缩退避，即等于自绝其前进。

不能而妄为，其为害超过于虽能而不为，盖一则消极的无所成而已，一则积极的闯祸。此类人既不屑学习，又不自量力，好虚荣而不顾实际，善大言而不知自惭，阻碍贤路，贻害社会，决无自省之日，徒有忮求之心，怨天尤人，永难觉悟。自知未能者尚可使有能，实际无能而自以为有能或甚至自以为有大能，轻举妄动，虽至失败而尚不知其致败之由，乃真无可救药。

原载 1931 年 5 月 9 日《生活》周刊第 6 卷第 20 期。

理论和实践的统一

理论和实践是统一的，总是分不开的。换句话说，一个人所承认的理论和他的行为之间有必然的关系。这并不是说一个人的实践不会和他的理论发生矛盾，却是说倘若这两面有了矛盾，必有一个理由，而这个理由却是和实践有着密切关系的。最简明的例子是说谎。倘若我说我未曾做某事，而在实际上我却做了，那末我的理论和行动之间显然便发生了矛盾。但是为什么有这样的矛盾？这里面便有着它的理由，而这个理由却是和他的实践有着密切关系的，不是理论的。任何有意的说谎，总有一个为什么要这样说谎的实际的理由。有的时候，说谎是出于无意的，说出的话不但欺骗了别人，同时也欺骗了自己，通常叫作"自欺"。"自欺"当然不是出于有意或心里知道，却是由于不知不觉中受着自己成见的影响，受着潜伏着真正的动机所影响。这种毛病，常人是很容易犯的。例如我们常常可以看到人们对于他们所本来讨厌的人，评判得特别苛刻。他们自己以为在说老实话，而在旁观者清的我们，却知道他们的偏见是受着他们对于这个人的厌恶心理所影响，而他们的这个厌恶心理却是有着实际的理由，不是理论的。所以理论和实践的联系并不是说理论和实践总是能彼此融合的，却是说这两面有着必然的关系；倘若这两方面发生矛盾的时候，必然都着实际的理由。换句话说，理论常为实践所决定。

　　这样看来，一个人自己在嘴巴上承认的所信仰的东西，未见得就是真正信仰的东西，甚至有许多人自己还莫名其妙，不觉得自己是在欺骗自己！但是遇着这样的情形，我们怎样能判断这个人究竟真正信仰什么呢？我们不能根据他所说的或是他所想的，必须观察他在行动上所表现的是什么。我们如看见任何人的行动和他所自认的信仰矛盾，便立刻可以判断他并非真正信仰他所自认的原则。你如要知道他真正信仰什么，你必须研究他的行动上的表现，不能仅靠研究他说些什么或想些什么。

　　这个原则似乎是很简单明了，人人可以同意的。但是我们如把这个基本原则应用于实际，便有很重要的意义。例如我们对于任何政党，或任何集团，或任何个人，不能仅看了他们嘴巴上所承认的党纲或理想，便相信它是真确的，必须坚持地把他们所自认的理论和他们在行动上的表现比较比较。你如果要知道一个政党究竟代表了什么，你必须很不怕麻烦地仔细研究它在行动上的表现究竟是什么。例如有自命什么主义的政党，我们仔细研究它在行动上的表现不但不能实现它所标榜的主义，而且是反而要阻碍这个主义的成功，那末我们便可断言这个政党不是这样主义的政党。不但如此，我们发现理论实践不符的时候，还要研究这里面所潜伏着的实际的理由。你并且可以发现这个实际的理由总是含着有欺骗的作用，无论是出于有意的，自觉的，或是出于无意的，不自觉的。因为决定这个政党的行动是有它的真正的动机，不是该党所承认的动机，无论这真正的动机是否主持该党者所自觉，但是对于一般人是具有欺骗的作用却是一样的。行动既然决定理论，我们要信任任何政党，我们所要注意的不是他们说要做什么，或想要做什么，却是在实际上他们做什么。不但我们对于任何政党要这样，对于任何集团或个人的观察，都应注意这基本的原则。

实践决定理论，真正的理论也有着领导行动的功用。所谓真正的动机，跟仅在表面上标榜着而实际上和实践不符的理论或动机不同，是指真有领导实际行动的理论或动机，虽则在行动者的本人有的是自觉，有的是不自觉的。倘若一个人不知道他的真正的动机所在，那末他的行动是盲目的，盲目的行动有着很大的危险性，因为理论是实践的眼睛。所以我们需要一个正确的理论来做行动的基础，同时要使实践和理论融合起来。

原载 1936 年 6 月 14 日《生活日报星期增刊》第 1 卷第 2 号。

苦闷与认识

在现在的中国里，除汉奸卖国贼外，大概都不免在苦闷的气氛中。尤其是热情横溢的青年，他们特富于敏锐的感觉，纯洁的心情，每日展开报纸所看到的记载，尽是民族的敌人横行无忌，激进侵略的事实，悲愤的情绪，实有难于抑制之苦。想不干吧，做了中国人，逃不出中国的现实；你有眼睛，所看见的无法逃避中国的实况，你有耳朵，所听见的无法逃避中国的实况。要干吧，又苦于满地荆棘，不知道从何着手。这样处于不干不是干又不得的苦境，当然要感到难于摆脱的苦闷。这种苦闷已普遍于一般人，尤以青年们为尤甚。

极端苦闷的结果，大概不外两途：一是由苦闷而更努力于寻觅出路，终于得到了出路；一是索性颓废，自暴自弃。当然，这里所谓寻觅出路，指的不是个人的出路，一则在现状下，整个民族没有出路，个人实在无法觅得出路，二则看到整个民族到了这样惨痛的境地，个人的出路也不是值得十分注意的问题。所以大家所注意的，都集中于怎样使整个民族可以得到出路。

谈到这里，便要牵连到认识的问题。认识不正确、不清楚，还是要钻到苦闷的牛角尖里去。为什么？因为一个民族的出路，在时间上决不是一朝一夕所以完全达到的；在人力上也不是由一两人或少数人所能单独完成的。所以就是你看清了整个民族的出路，在目前，至多是你在工作上有了一个灯塔，知道向什么方向干去。在你干的历程中，还不知要经过多少的艰苦困难，要受到多少的磨折麻烦！你倘若经不起这样的艰苦困难，经不起这样的磨折麻烦，你根本就未曾认识这是在干的历程中必有的阶段，就要因此仍然感到苦闷。这是先要弄清楚的第一点。其次，民族解放的工作是要靠大众来参加共同奋斗，不是可以像"英雄主义"的幻想，可以由一两人或少数人一举手一投足之劳就可以成功的。所以我们的工作要注意于说服多数人，推动多数人来参加我们的阵线；这是需要很忍耐的，很坚毅的，很不怕烦的实际工作。倘若你未认识这是在干的历程中必有的阶段，也就要因此仍然感到苦闷。这是要弄清楚的第二点。最后，有些人希望在一种现成的理想的环境中干自己所要做的救国工作，以为非舍去原有的职业是无可为的；倘得不到，又在苦闷上加上苦闷！其实这也是由于认识的错误。救国的工作是由各种各样工作配合而成的，各人应就各人的力量和境地，从现实做出发点去干的。倘若希望有个现成的理想的环境，那是只有到乌托邦去，那只有始终在苦闷的气氛中翻筋斗，交臂失去了许多可以干的机会，这是多么可惜的啊。

原载 1936 年 6 月 16 日香港《生活日报》第 10 号。

工作的大小

工作有没有大小的分别？就一般的观念说，工作似乎是有大小的分别。我们很容易想到大人物做大事，寻常人做小事。这种观念里面，也许含有个人的虚荣心的成分，虽则没有人肯这样坦白地承认。但是有的人要想做大事，不满意于做小事，不一定出于个人的虚荣心，也许是出于很好的动机，希望由此对于社会有较大的贡献；依他看起来，大事的贡献较大，小事的贡献较小，因为要对社会有较大的贡献，所以不愿做小事，只想做大事。这个动机当然是很可嘉的。我们当然希望社会上人人都有较大的贡献，于是对于能够有较大贡献于社会的人们，特别欢迎。

不过什么样的事可算做大？什么样的事只能算小？什么样的贡献可算做大？什么样的贡献只能算小？这却是所谓仁者见仁，智者见智，不易有一致的见解。

我们如在军界做事，就一般人看来，也许要觉得做大将是比做小卒的事大。但是我觉得做丢尽了脸的不抵抗的大将，眼巴巴地望着民族敌人今天把我们的民族生命割一刀，明天把我们的民族生命刺一枪，而不能尽一点军人卫国的天职，做这样的不要脸的大将，实在远不如做十九路军淞沪抗战时的一个小卒。在这样的场合，一个小卒的工作对于国家民族的贡献反而大，一个大将的贡献不但是小，而且等于零！

也许你要驳我，说对民族敌人不抵抗的不要脸的大将，当然是太不要脸，对国家民族不能有什么的贡献，这诚然是不错，但是如做了真能抗敌卫国的大将，那便有了较大的贡献了。这样看来，大将的工作仍然是比小卒的工作大，大将的贡献仍然是比小卒的贡献大。

我承认这话确有一部分的理由，不过我们要知道一个军队要能作战，倘若全军队都是大将，人人都做指挥官，这战事是无法进行的；反过来说，倘若全军队都是小卒，如同一盘散沙，没有人指挥或领导，那末这战事也是无法进行的。所以在抗敌卫国的大目标下，大将和小卒在与敌作战的军队里虽各有其机能，但是同有贡献于国家民族是一样的，在本质上，工作的大与小，贡献的大与小，原来就没有什么分别的。硬看作工作有大小，贡献有大小，这只是流俗的看法罢了。

宜于做大将的材料，我们赞成他做大将；宜于做小卒的材料，我们也赞成他做小卒：从本质上看来都没有什么大小高低之分，我们所要问的只是他们为着什么做。

原载 1936 年 6 月 18 日香港《生活日报》第 12 号。

从现实做出发点

"理想为事实之母"，这句话好像是很合于真理的，尤其是因为很耳熟的一个成语，我们往往不加思索地把它认为确切不变的真理。其实我们如仔细思量一番，便知道这句话有着语病，因为很容易使人误会，以为理想是可以超越现实而凭空虚构的，不想到自古以来任何大思想家的理想，都有他的现实的社会背景，都是事实之母，而不是凭空产生的。由事实产生的理想，再由这理想而影响到后来的事实，这诚然是谁也不能否认的，由这样的观点看去，说"理想为事实之母"，这句话原也讲得通，但是还不可忘却一个很重要的条件，那便是要在现实上运用这个理想，必须从现实做出发点，必须顾到当前的客观的事实，不是能够抛开你当前的现实而可以立刻或很顺利地实现你的理想。

哲学家的重要任务是要改变世界，而不是仅仅用种种方法解释世界。人类是能够改造历史的。所以我们要推动历史巨轮的前进，不可屈服于现实，必须负起改造现实的使命，但是要改造必须从现实做出发点，不能抛开现实而不顾，这是很显然的。例如你要改造一所屋子，你必须根据这所屋子的种种实际的情形设计，无论如何是不能抛开这所屋子而不顾的。

我们倘若能常常牢记着我们是要从现实做出发点，便不致犯近视病的苦闷，悲观，为艰苦所克服的等等流弊。

我们闭拢眼睛静思我们理想中的中国，尽管是怎样的自由平等，愉快安乐，但是你要实现这个理想，必须从现实的中国做出发点；现实的中国不能这样完全的，是有着许多可悲可痛的事实，是有着许多可耻可愤的事实，我们既明知现实的中国有着这种种的当前事实，又明知要改造中国必须从现实做出发点，便须准备和这种种事实相见，便须准备和种种事实斗争，这是意中事，是必然要遇着的；从事实做出发点的斗争，决不是没有阻碍的，有阻碍便必然地有困难，解决困难也必然要经过艰苦的历程，这是意中事，也必然要遇着的。其实中国如果是已像我们理想中的那样完全了，那就用不着我们来改造；改造时如没有阻碍，没有困难，那也用不着我们来斗争。倘若你一方面要改造中国，要排除阻碍，解决困难；一方面却因中国的糟而苦闷，悲观，怕见阻碍，怕遇困难：这不是自相矛盾吗？这矛盾所给与你的痛苦，是因为未曾注意要从现实做出发点！如果我们注意我们必须从现实做出发点，我们既不能像孙行者的摇身一变，脱离这个现实的世界，翻个筋斗到天空里去，那末我们只有向前干的一个态度，只有排除万难向前奋斗的一个态度。为什么呢？因为我们必须从现实做出发点，现实就根本是有缺憾的，必然是不完全的，必然是有着许多不满意的，甚至必然是有着许多事实令人痛心疾首的，我们既不能逃避现实，就不能逃避这种种，就只有设法来对付这种种；一个人或少数人来对付不够，就只有设法造成集体的力量来对付。

现在有不少青年有志奋斗，但同时却有许多逃不出苦闷的圈子。苦闷是要消磨志气的（虽则在某一场合也可以推动奋斗），所以我们要注意：我们必然地要从现实做出发点。

原载 1936 年 7 月 5 日香港《生活日报星期增刊》第 1 卷第 5 号。

立场和主张

　　黑暗势力的陷害方法，除在经济方面尽其造谣的能事外，还有一个最简便的策略，那便是随便替你戴上帽子！这不是夏天的草帽，也不是冬季的呢帽，却是一顶可以陷你入罪的什么派什么党的帽子！其实戴帽子也不一定是丢脸的事情，有害尽苍生的党，有确能为大众谋幸福的党；前者的帽子是怪可耻的，后者的帽子却是很光荣的。但是这不过就一般说，讲到我个人的实际情形，一向并未曾想到这个帽子问题；再直截了当地说一句，我向来并未加入任何党派，我现在还是这样。我说这句话，并不含有褒贬任何党派的意味，只是说出一件关于我个人的事实。但是同时却不是说我没有立场，也不是说我没有主张。我服务于言论界者十几年，当然有我的立场和主张。我的立场是中国大众的立场；我的主张是自信必能有益于中国大众的主张。我心目中没有任何党派，这并不是轻视任何党派，只是何党何派不是我所注意的；只须所行的政策在事实上果能不违背中国大众的需求和公意，我都肯拥护；否则我都反对。我自己向来没有加入任何党派，因为我这样看法：我的立场既是大众的立场，不管任何党派，只要它真能站在大众的立场努力，真能实行有益大众的改革，那就无异于我已加入了这个党了，因为我在实际上所努力的也就是这个党所要努力的。

我虽有明确的立场和主张，但是因为有着这样的看法，所以向来未曾加入任何党派。现在呢？现在是整个民族生死存亡万分急迫的时候，除少数汉奸外，大多数的中国人都在挣扎着避免沦入亡国奴的惨劫。在这个时候，我们要积极提倡民族统一阵线来抢救我们的国家，要全国团结御侮，一致对外，我更无须加入任何党派，只须尽我的全力促进民族统一阵线的实现，因为这是抗敌救亡的唯一有效的途径。民族统一阵线或称联合阵线，或称民族阵线，名词上的差异没有什么关系，最重要的是我们要彻底了解这阵线的意义和它对于抗敌救亡的关系。所谓民族统一阵线是：全国人民，无论什么阶级，无论什么职业，无论什么党派，无论有什么信仰的人们，都须在抗敌救亡这个大目标下，团结起来，一致对付我们民族的最大敌人。在这个民族阵线之下，全国的一切人力、财力、物力，都须集中于抗敌救亡。为保障民族阵线的最后胜利，凡是可以增加全国力量的种种方面，都须千方百计地联合起来；凡是可以减少或分散全国力量的种种方面，都须千方百计地消灭或抑制下去。无论任何个人和个人，任何集体和集团，纵然在已往有过什么深仇宿怨，到了国家民族危亡之祸迫于眉睫的时候，都应该把这深仇宿怨抛弃不顾，联合彼此的力量来抢救这个垂危濒亡的国家民族。

这不是空论；这是中国在当前危迫时期内的大众在主观方面的急迫要求，也是侵略国的严重压迫和残酷进攻在客观方面所造成的需要。这是现阶段中国前途的大势所趋，我们只须本着这个认识，以国民的立场，各就各的力量，从种种方面促其实现，前途是有绝对胜利的把握的。如有逆着这个大势而自掘坟墓的，必然要自趋灭亡，绝对不能阻碍这个大势的推进。我们所要努力的是在积极方面促进这个伟大运动的实现。

再就具体一些说，民族统一阵线的第一个条件是必须停止一切内战，全国团结起来，枪口一致对外。武力虽非抗敌救亡的唯一工具，但无疑地是最重要的一种工具。外患如此急迫，中国人如以仅有的武力消耗于内战，即是减少对外的力量，即是间接增强侵略国加速沦亡中国的力量。为增强整个中国抗敌救亡的实力计，停止一切内战是有绝对的必要。第二个条件是要解放民众救国运动。军力必须和民力配合起来，才有动员全国力量一致对外的可能。所以关于民众救国的组织和救国言论的自由，必须有切实的开放和保障。

关于民族统一阵线的研究，我在所著的《坦白集》里已有较详的讨论，在这里只提出尤其重要的话来说一下。这是我就大众的立场，根据大众的利益，断然认为是当前抗敌救亡的最重要的主张。只须能尽我的微薄的力量，推进或促成这个主张的实现，任何个人的艰险，是在所不辞的。

当然，我们对于国事的主张是要根据当前的现实，我在这里所提出的，只是专就抗敌救亡的现阶段的中国说。

原载 1937 年 4 月上海生活书店《经历》。

做领袖的真本领在那里？

领袖不是摆架子的代名词，也不是"封建势力"的遗物，是有系统有稍大规模的事业上少不了的一个分子。所以无论机关的大小，总要有一个领袖。

"衣之提挈，必在领袖。"所以用来"喻人之能提挈其下者"。这个"下"字，并不含有阶级的观念，是指做一种事业里一小部分事务的人，合了许多小部分的事务，聚起来便构成那种事业的全部的事务，做领袖的人就在于能够"总其成"。换句话说，做领袖的人就在能有顾到全部的眼光，观察全部的能力，监督全部的工夫，改进全部的计划，解决全部困难的手腕：犹之乎提了一件衣服的领袖，全件衣服都整个的在望，都妥妥帖帖的，整整齐齐的；样子好不好，有没有要改良的地方；料子好不好，有没有更改的地方；发见破绽，应如何改造或补造才好看……

有某君是一位做银行总裁的介弟，自费去美国学得工程师学位，但是实际的经验，却不见得怎样高明。回国后居然被一个规模颇大的自来水公司请去担任工程师，手下管得着的技士职工等等，倒很不少，在他的专业方面，总算是立于领袖的地位了。但是有许多工人的经验，反比这位工程师好得多，等到他"像煞有介事"的出几个命令，已被他们看穿了，于是都看他不起！你出你的命令，我做我的事情，不与你理会。结果那位堂而皇之的工程师，只做得一个孤零零的独脚戏的工程师，实在觉得无趣，并且觉得难堪，只得辞职，不干而去。

　　还有一位是国内某工业大学的毕业生，因为实际的工程事业做了不少，尤其因为他是从小的位置做起，对于机器方面，可谓"熟极而流"，经验非常丰富。他的才干为某巨公所赏识，请他担任某纱厂的工程师，所管的职工以千计。职工里面有几位撒烂污朋友，被他初接任时就开除了几个。职工里面有多人本以为他是徒挂学校出身的空招牌，那里真懂得机器的实际巧妙。所以有几个特别奸滑的工人，欲求泄怨，于退工的时候私把机器里面某个最重要的螺钉拆去，一面暗里通知众工人叫他们第二天早晨群聚工厂门口，约好不即进厂，看那位工程师机器开得成开不成。那里知道那位工程师对于机器，一看便看出毛病，一修便把他修好。所以第二天大众聚在门口，已见烟囱里的烟如常的涌出，机器的动声如常的震耳，只得面面相觑，相率入厂，还以为大上那几个奸滑朋友的老当！从此知道那位工程师的实在本领，翕然服从，没有什么话说！

　　以上两位都是我的朋友，上面所叙的事实，就是他们本人看见我，也都自承的。我还有一位朋友，曾担任北京某著名报馆的总经理，在他未接任以前，报馆里的编辑部和营业部的经理总是积不相能，后来那位营业部经理升为总经理，更弄得干不下去！这位朋友一接手，事事妥帖。何以故呢？因为他做过总编辑，为编辑部同事所心折，又做过营业部经理，对于营业的诀窍，头头是道，没有人敢欺他，所以他现在坐在那把领袖的交椅上，大稳而特稳，大胜任而特胜任！

　　可见做领袖的真正本领，不在空架子，全在有真实的令人心悦诚服的智能魄力眼光与手腕。这种种方面的养成，全靠在从小做起的时候，处处用心，时时留意，不是一蹴可几的。没有这样素养的人，就是立刻有人拿一把领袖的交椅给他坐上去，恐怕一跤跌了下来，爬都爬不起！

原载 1927 年 11 月 6 日《生活》周刊第 3 卷第 1 期。

死出锋头

"出锋头"是沪语，勉强用普通话来解，也可以说是"崭然露头角""煊赫"等等。所谓"死出锋头"，并不是说"呜呼哀哉"之后还能出什么锋头，是说"拼命出锋头"，或是"滥出锋头"。

老友沈君怡先生从德国回来的时候，我当时并不知道他已经身回祖国。后来在报上知道他荣任上海特别市工务局长，才知道他已从德国回来。有一天在友人家里遇着他，我说你何时回国，我却一点不知道。他答得很有意思，他说："我向来不赞成送一张照片，连同一大篇回国前的历史在报上登着出锋头。"我听了暗暗地佩服他的高洁品性。

我们在报上常看见那一类的照片登着，附一篇历史，最后总有"……对于……必有一番大贡献也"的肉麻结语。有人恶作剧，说这是如同"遗像"，还附有"像赞"一起登着！

其实这许多"遗像"和"像赞"，有那一个看报的人记得？然而"死出锋头"的人却见不及此！

以上所举的不过是"死出锋头"心理所表现的一个例。其实好名并不是坏事，不过我们要知道"实至名归"的名，是随着"实"而自然而然的来的，这种名才有价值。才能令人"心悦诚服"。若出于"死出锋头"的办法，只有令人作呕！

做人最好是只知从"实"的方面干去而不想到名；其次的也应该明白要得名也要从"实"处着力，千万不要"死出锋头"，因为"死出锋头"的人只不过惹人讨厌，决得不到什么好名誉的。

原载 1928 年 2 月 19 日《生活》周刊第 3 卷第 14 期。

职业修养不是隔靴搔痒

人生内容是多方面的，社会内容也是多方面的；但是职业是其中的一个很大的要素，所以我们特别注意职业修养。可是我们提醒职业修养，是从有趣味有价值的材料做出发点，绝对避免隔靴搔痒，绝对避免瞎发空议论。

请让我举一个例：

我十年前由老友陈霆锐先生介绍，认识吴经熊先生。我记得在八年前的一个夏天下午，在上海青年会大门里楼梯旁边，我和吴先生彼此遇见，就立住那里畅谈了许多时候。谈话里面，他说起他的志愿，要精研法律以贡献于国家，他尤其觉得当时上海的会审公廨有许多令人不满意的地方，说他将来要在法律上替国人主持公道。当时会审公廨还未收回，上海临时法院还在"乌托邦"，吴先生还在东吴法科肄业，我虽是很敬佩他的道德学问，但是在当时听他那几句话，虽然不觉得一定办不到，却不免有点"虚无飘渺"的感觉。后来吴先生到美国得了法学博士，又到德国柏林的大学，法国巴黎的大学，大研究而特研究。现在上海会审公廨收回，有了所谓临时法院，他便做了一位名闻中外的公正法官。他在法庭上，就是那些观审的"外国老爷"提出抗辩，他却从容谈笑，根据法理"面折"他们，真是主持正义，不屈不挠，所以那些"外国老爷"看见这位吴博士，都觉得"头大"！

我遇着几位大律师，他们谈起这位 Judge Wu，都承认他的确是顶括括不可多得的有胆识的公正法官，就是西报上也只得"拍拍"他！

我提起这件事，不是要替本刊"拍拍"吴先生。（其实都是事实，用不着拍。）我觉得从这种亲切有味的事实，可以暗示许多职业修养上的原理：（一）一个人必须有个志愿或目标，然后易于着力，易取聚精会神的功效；（二）机会虽是不全由自己作主，但奋勉自修以求进步，是完全可以自主的事情；（三）对事业能胜任愉快，全靠平素的准备工夫。诸如此类的暗示个人修养与社会改造，便是本刊所采用的方法。

原载 1928 年 5 月 13 日《生活》周刊第 3 卷第 26 期。

柏林大学找不出这位博士

我并不轻视博士，而且很敬重博士，因为在我的好朋友里面有许多得着博士衔头的，实在是对于他们的专门学术很有研究，很有心得的。但是我有时却不自禁地讨厌博士，因为在社会上常常遇着名不符实的博士，他自己把眼睛搁在额骨上，好像看不见人，我们看了他那副尊容，已经不要看！试探其实际，眼睛生在额骨上看不见人的人，肚子里偏是一把草，成了"茅塞博士"！如今好了！最近首都发生了一件奇事，出现了一个"冒牌博士"，不要说名不符实，连名都是假的！

有某君者往德国去学医，回国之后，对人说他得了德国柏林大学的医学博士，众人也就不加深察，听其"博"而"博"之，他不久便得了一个位置，每月有六百圆的"博"薪，不幸遇着他的一位同乡，却是德国柏林大学医科的真博士，知道这位领"博"薪的是假博士，气愤填膺，到他那里去大闹，赤裸裸地抉发他的隐私，事为某要人所闻，他其先还不信，说别的可假，博士有什么假的！便立刻打一个电报到德国柏林大学去询问，回电说柏林大学找不出这位博士，不过在专科毕业生里有他的名字。其实"专科毕业生"也"呒啥"，却因为作了虚伪的勾当。反而弄得这样尴尬！连"薄薪"都领不着了！

天下虚伪的事情迟早总要拆穿的，所以俗语有句话说，"若欲人不知，先须己莫为"，作伪的人看透了这一点，也许要"废然知返欤"！

讲到学位的"博士"，在英文原为 Doctor，它的原义是"精巧于某专业或某专门知识的人"。（One skilled in a profession or a branch of knowledge.）咱们中国的学问，本来也有"由博而约"的说法，这个地方的"约"也就是"专"的意思，所以顾名思义，似乎可以把"舶来品"的 Doctor 译为"约士"，或"专士"，如今译为"博士"，"博士"在中国本是官名，在秦朝始有，据说是"掌通古今"的，这个名词使人见了，便以为是博古通今无所不能了，在真有学问的"博士"固然不至以此名词自满，而在浅见者流，便要弄出"柏林大学找不出这位博士"的怪剧了！

"名者实之宾也"，名过于实已经可耻，既无实而所谓名者又是冒牌的，更糟！

原载 1929 年 1 月 13 日《生活》周刊第 4 卷第 9 期。

吃尽资格的苦

我读了贵刊第四卷第八期"读者信箱"栏里涂小甫君所做的《大学毕业生》一文，觉得非常切要。社会上感受这种痛苦的人当然不少，我是感受这种痛苦很深切的一人，所以我不免要借此发几句牢骚的话。我可以说现在的人，只要有财产，能够进中学，而大学，或师范毕业出来的人，个个是人才。没有财产的人，不能进高深学校，那是永远不会是人才。现在的社会何等势利！商界我不熟悉，至于各行政机关及教育界，非资格不行。倘然是一个大学毕业生，要谋一件事，不论他有才没有才，对于事的会办不会办，人家总是一诺无辞。若是一个小学毕业生，或是连小学未入过的人，无论他办事如何切实，学力如何充分，要向人家谋事，人家连正眼都不来看你，纵然有一些事给你做，也不过是些书记庶务之类。我不是说书记庶务不屑做，可是克尽厥职的做，人家总认你是一个小鬼，不加青眼，而且是一朝天子一朝臣，等到一个校长或局长走时，就要连带解职，即使有飞天本领用到那里去呢？涂君所说的："……若再老实说：我是小学毕业的，慢说被求的不来录用，他不说你再去读二年书，再来做事，已算是客气的了。"这几句话，的确是现在势利社会的通病。先生所说的"……他人岂因此而轻视他吗？断无是理"。先生！你是贤达君子，所以不会如此，岂知社会上都是庸碌之徒，有几个人能这样实事求是呢？其中有多少才能之士，因资格而终身埋没，那是何等可叹啊！

……

朱逸民

答：

社会是多方面的，一类的事实也有多方面的，像朱君所慨叹的社会上盲目的只重资格而不重"真才实学"，我们当然承认目前的中国确有一部分不免有这种不平的现象，就是编者个人闻见所及，也就不少。例如我国很著名的书业某机关，里面对于编辑员就很有这种趋势，中学不必说，你在国内大学毕业的，至多每月送你七八十圆至一百二三十圆，只要你挂了一块留学生的招牌，做的事情尽管一样，起码一百六十圆。我有一位好朋友，可说是学贯中西，在那里面做了好几年，因为缺了一块留学招牌，做来做去还是一百二十圆，眼看许多"饭桶"留学生（这是只指"饭桶"的一派，当然也有好的），坐享厚薪，做出来的东西，往往狗屁不通！有一次有一位什么德国留学生，做了一本游记，简直别字连篇，文笔疙瘩到了极点，因为来路大，该机关的编辑主持者不便拒绝，交给我这位朋友校订，被他修改了十之六七，修词方面差不多是他完全代做。他费了一番工夫，在书末著作者姓名旁边把自己校订的名义加了进去。后来这本书出版的时候，只有著者的姓名，并没有校订者的姓名，无非是因为校订者的牌子似乎不及那位写别字的朋友牌子"硬"，所以"白校订"，让那位写别字的大好佬"掠人之美"，在主持者也视为极公平的事情！后来这位朋友靠他的"真才实学"，另有好机会，便辞职高就。社会上往往有同样的事情，叫留学生来做，给他一种特别好的待遇；叫国内大学毕业生来做，便给他一种差些的待遇；如叫连大学牌子都没有的人来做，又要给他一种更差些的待遇。他们并不以事为对象，却以空资格为对象，这当然是很不公平的待遇。所以朱君的"牢骚"，我们不能说他完全是"无病呻吟"。

我在上面所说的话，不过助朱君张目吐气。但平心静气想一想，这种现象不过是局部的，并不是概括的。

其实，我们虽反对徒拥虚名的资格，而确有实际的资格却也未尝不可重视。倘若不是有名无实，则中学毕业者的学识能力，因研究的年数比较的多几年，当然应该比小学毕业者好些；大学毕业者的学识能力，因研究的年数比较的又多几年，当然应该比中学毕业者更好些；留学毕业者的学识能力，因国外学校设备之比较的完备，教授程度之比较的高明，当然应该比国内毕业者更要好些。所以我们倘有了名实相符的一个条件，有的事情，确须留学生而非国内大学生所能胜任者（这当然是目前的情形，将来国内教育精进之后，便不至如此），尤其是高等专门的学术；有的事情，确须大学程度而非中学生所能胜任者；有的事情，确须中学生而非小学生所能胜任者。不过这种实际的资格，有的地方不一定要取得学校的牌子，或衔头，也可以由自修，由在社会上从小做起，边做边学，经过若干年后，有相当实际的经验阅历，因而造成专门的学识才能，获得实际的资格。朱君所引在下答涂君的话："……他人岂因此（指仅小学毕业）而轻视他吗？断无是理。"我的意思并不是仅仅小学毕业便可以引起别人的重视，是说不以小学毕业自封，能奋斗向上努力，得到相当的学识能力，做他所能做的事情，到了这个时候，决没有因为他从前不过是小学毕业而轻视他，而且还要特别的敬重他。我们前次答复涂君的一番话，因为涂君既无力升学，又以资格为虑，似乎资格非由升学是绝对得不到的。我们就他所处境地，告诉他名实相符的资格也可由服务及同时自修而渐积成功的，只须有实际的能力，别人决不至轻视他。我们的向上努力，向上奋斗，势不得不从自己所处的境地做出发点，既无力升学，便须另走一条可通的路向前干。

原载 1929 年 6 月 2 日《生活》周刊第 4 卷第 27 期。

脚踏虚地

近承大夏大学惠寄一册本年六月一日出版的《大厦大学五周年纪念特刊》，我看了一遍，很佩服他们师生合作的努力精神。上海野鸡学校的当局往往喜欢把自己的名字在报上出风头，前几年野鸡学校盛极一时的时候，我每在报上看见这班政客式妓女式的自命的名人，就觉头痛！但是大夏大学的几位"开国元勋"，我们在报上不大看见他们的名字，他们却不动声色的不事张扬的埋头干去，怪不得"今不过五年之间，校舍方面，竟已由小民房而能有三层楼之校舍，有男女学生之校外宿舍，近又已新购校地十余万金，以谋新校之建筑矣。学生方面亦竟由二百余人而至六百余人，而至于一千余人矣"。（见该刊陈柱尊先生的《师生合作》一文）我看见该刊里张耀翔先生做了一篇《教育科发展计划》，内有"讲演"一项，他说"主请专家不请名人（除非因学问而著名者），每半月一次……"我觉得"请专家不请名人"这句话说得爽快极了，毫无实际全由自己瞎吹出来的浮薄"名人"，不但令人作呕（当然也有一部分瞎着眼睛的人受骗或甚至大加恭维），而且造成社会虚伪的风气，其遗毒之及于一般社会，有不可胜言者，所以我以为我们应加以严厉的制裁。

其实脚踏虚地的人总有一天要坍下来的。立得愈高，伤得愈重；风头愈足，丑态愈显。我有一位朋友，他在十几年前就决计要在教育方面服务，我常听他说起"我们要切切实实的先有一番准备工夫"，所以他后来考得官费到美国留学，就切切实实的研究了五六年，读完了博士学位，我很知道他不是为虚荣而要得什么最高学位，实在是他"要切切实实的研究"的一种自然的附产物。同时和他同校的有一位中国留学生，在国内对求学工具既无切实准备，到美后天天来麻烦他，问他要得博士有何捷径，选的科目有何取巧的简省办法，时间有何取巧的缩短办法，总之，他最好不费一举手一动足之劳而博士文凭即刻可以安然到手。我的那位朋友真觉得他讨厌，常常有意避他。后来这位时时刻刻念兹在兹于"捷径博士"的仁兄，连硕士都得不到手，乃转入同城的一个新开的私立大学，从来没有给过什么博士学位的，不知被他怎地一弄，不多时便居然如愿以偿。

我的朋友回国后教学与著述俱得人信仰，这是有过"切切实实研究"的自然的结果，不在话下，且说那位"捷径博士"钻营工夫很高明，他将回国的时候，正是什么会议在美国举行，在当时我国教育界炙手可热的某君也是代表之一，他就拍上了某君，随着回国，藉着"捷径博士"的衔头，跟着大出风头，又拍上了某教育机关的一位老先生，风头更足，这个会议少不得他，那个会议又少不得他，报上差不多天天有他的大名。我有一次无意中看见他亲笔写与某君的一封长信，字句之疙瘩，书法之幼稚，还不及我自己一位在高小肄业的小弟弟，我便深以为异，因为我当时还未听见我上面所说的那位朋友告诉我的话。后来他大办某野鸡大学，终至一无所成，最近又异想天开，窃用未得同意的某人图章，做类乎彩票的勾当，闹得乌烟瘴气。脚踏虚地的结果，如此如此！

"名"这个东西真是恶作剧！诱人爱好，而却绝对的不容人假借。所谓"绝对的不容人假借"者，就是要有实际才有真名随来，你有多少实际，他就给你多少真名，好像锱铢必较，毫厘不差，若是脚踏虚地的从事窃名，结果只是"虚名"，虚名必有一天要拆穿的，拆穿之后使你难受，反不如无名时的安静自得。明白了"名"的善于恶作剧，便不至轻易钻入他的圈套。

原载 1929 年 6 月 30 日《生活》周刊第 4 卷第 31 期。

无所不专的专家

天下无万能的人，也很少一无所能的人（除非自己糟蹋掉），倘知各就自己天赋能力的大小及趋向，加以培植，加以修养，加以学力，加以经验，各自用得其当，就所专攻的学识经验以从事专业而贡献于社会，在己则能使固有之天才获最大限度的发展，在社会则能因此而获得最大限度的裨益，此专家之所以可贵。

但在我国往往产生许多无所不专的专家。试略回想从前的政界，有人今日做司法总长，隔几时可以做教育总长，再隔几时又可以做内务总长……各部的什么长，在名称上似乎是各有所专，在别国是要选各得其所的专门人材充任，在我国则凡是做了大官的人就无长不可做，这是无所不专的官僚专家，到现在此种风气还是不免。这种风气所由来，当然有很深远的历史背景。我国从前虽有所谓士农工商，但农工商是够不上受人尊崇的，只有"士"是受人尊崇的，所以一钻入私塾，就可以听见什么"惟有读书高"的声浪，而所谓"士"者即是无所不专的专家，只要读过四书五经，什么都可以干！"相"是文的，"将"是武的，而读书人却可以"出将入相"，到了外面可以做将，一到了里面去就可以一变而为了相！医生原是一种很专门的事业，但在"医"字之上却加一个"儒"字，称为"儒医"，儒者是读书人也，于是读书人不但可以"出将入相"，又可以由旁路一钻而做"医"！

　　到了现在，环境虽不无一部分的变异，而这种深入人心的"遗风余韵"还暗中滋长着，于是往往虽受有专门的教育，而却不安其分，不肯专其所专，却喜欢掮出无所不专的虚浮的花样来，在社会上瞎混！有某君在文学上有了努力，并得到相当的名誉，却抛弃了他的特长和已往的经验而分心于别的不相干的事情。有某君在教育上有过相当的学识经验，不从这方面有所译述，忽然乱七八糟的发表些经济学上的译著，法学上的译著，政治学上的译著，反给真正有研究的人批评得焦头烂额。诸如此类的不经济的行为，不但于社会上是有害无益，而且把本人所固有的多少天赋，也随之埋没，未免可惜。

　　最好笑的是本国产生了骛外虚浮的无所不专的专家，遇有外国的专家到了，往往也把这样的态度来对他。例如美国的克伯屈博士，他固然是美国教育界的名宿，但他的特殊贡献是在"教育法原理"，不是包办教育上的一切，而到了中国之后，我国的许多大教育家却分列日期，第几日要他讨论大学教育，第几日要他讨论中学教育，第几日要他讨论初等教育，第几日要他讨论职业教育，第几日要他……好像几十代祖宗在教育上未解决的一切问题都要请他来解决一下！我够不上做教育大家，当时未曾列席，不过我看报上发表了这样的日期表，念他未曾做到"中国特产的无所不专的专家"，颇替他担忧。后来在报上看见他对于各日讨论的无所不专的教育问题，所答的话里面好几处是说："这个问题，我不敢妄断，你们是要根据中国的特殊情形去解决的。"这不是这位专家"吃瘪"，实在是他未曾做到我国所崇拜的"无所不专的专家"资格！

　　中国"无所不专的专家"所以遍地皆是，阻碍真正事业的进步，他们本人不自量，无自知之明，及好出风头，固然是自己害自己，而社会却也不能辞其咎，因为一个人无论你专了什么，一旦成了什么名人，社会上人便当你是万能。这里请你做校董，那里请你做董事；你的文章尽管狗屁不通，有人争先恐后的请你做序文；你的字尽管写成鬼样子，有人争先恐后的请你题签；甚至包医花柳病的广告上，也要拉你写一个尊姓大名！

无所不能的人实在是一无所能，无所不专的专家实在是一无所专，即有一知半解，决难有深入的研究与心得，更说不到对社会有真正实际的贡献，不过把浮薄的虚声，大家骗来骗去罢了。

天下无万能的人，人贵有自知之明。为己身事业计，为社会进步计，这个观念都有认清楚的必要。

原载 1929 年 7 月 7 日《生活》周刊第 4 卷第 32 期。

不堪设想的官化

近有一天在友人宴席间遇着上海银行界某君，听他谈起官化的乌烟瘴气，又引起我来说几句不中听的话。

这位某君也者，原是上海银行界里一个红人儿，最近被任为不久即可开幕的官商合办性质的某银行的总经理。这个银行本拟国立的，已有了什么筹备处，堂哉皇哉官办的银行筹备处难免有一个大优点，就是官化！官化的最大优点是安插冗员，养成婢颜奴膝一呼百诺吃饭拿钱不必做事的好风气。最近这个正在筹备中的银行招了若干商股，变成官商合办的性质。在招商股的时候，因为官的信用太好了，恐怕商人不信任而不肯投资，乃用拉夫手段把某君拉去做一个开台戏的跳加官。某君被拉之后，跑到官办的筹备处去瞧瞧，但见一切筹而未备，却用了许多冗员，不但冗员而已，并用了几十个冗茶房（即仆役），冗的空气总算不薄，既是够得上"冗"字的美名，当然没有什么事干，不过一大堆的奔走唱诺而已。某君想不办则已，要办只得将官办的筹备处和要办的银行划开，他不管筹备处，只管依照银行的严格办法，另行组织起来。有许多冗员来见他，做出做官的样子，俯首垂手弯背，有椅不敢坐，开口总理，闭口总理，无论何事，不管是非，总是唯唯喏喏连答几个"是"字。这在做惯了官、摆惯了臭架子的官僚，当然听了像上海人所谓"窝心"（适意也），不过这位不识抬举的某君却只重办事的真效率，听了那样娇滴滴的柔声反而觉得刺耳怪难过！看了那样百媚横生的姿态反而觉得触眼怪难受！还有许多人拿着要人的荐条，某君一概不看，有的竟说是部长叫他来见的，某君老实不客气的说这里用人是以办事能力为标准，部长和这里是没有关系的。他几日来天天要抽出大部分的时间来见客，都是要这样对付一班阔人背后的饭桶，简直好像和他们宣战！

有所不为而后有为。某君原有他自己的银行事业，对于那个银行的总经理可干可不干，所以不为官化毒气所包围，那个银行的前途有些希望，也许就在这一点。

由官化的人物主持的官化的机关，好像霉了的水果，没有不溃烂的。无论何事，由这种人办起来，公款是不妨滥支的，私人是不妨滥用的，至于办事的效率却是他脑袋里始终连影子都不曾有过的东西。

原载 1929 年 12 月 1 日《生活》周刊第 5 卷第 1 期。

领导权

近来常听见有人提起"领导权"这个名词，也常听见有人说某某或某派要抢领导权云云，好像领导权是可由少数人任意操纵，或私相授受似的。这种人的心目中所认为领导权，只想到领导者，只知道有立于领导地位的少数个人，把大众抛到九霄云外！于是他们便存着一个很大的错误观念，以为领导权是从少数人出发，大众只是受这少数人所"领导"。随着这个错误的观念，他们又有着一个很大的误解，常常慨叹于中国大众的没有力量，梦想着好像可以忽然从天空中掉下来的"领袖"，然后由这个"全知万能""生而知之"的"领袖"来"领导"大众；以为大众只配受这样高高在上和大众隔离的"领袖"所领导！

其实领导权在表面上似乎是领导着大众，而在骨子里却是受大众所领导，大众才是领导权所从来的真正的根源。

我在莫斯科时细看他们的革命博物馆，看到革命进程中每一个运动的事实的表现，都觉得领导中心之所以伟大，全在乎能和当时大众的要求呼应着打成一片；换句话说，领导中心是受着大众的领导，也只有受着大众领导的中心才能成其为领导中心。

谁都不能否认列宁和他的一群是苏联革命的领导中心。他在一九一七年发动革命时所提出的标语是土地、面包、和平。当时克伦斯基政府无力应付经济危机，仍和协约国进行帝国主义争夺的战争，对于民生的艰苦，农民土地问题的急切待决，都毫不顾及。而列宁在当时所提出的三大主张：土地归农民，工厂归工人，不参加帝国主义的战争，恰恰反映着当时大众的迫切要求；接着主张"一切权力属于苏维埃"，又是达到这三大主张的唯一途径。列宁在当时能根据大众的真正要求和可以达到这真正要求的途径努力干去，这不是很显然地是受着大众所领导吗？这不是很显然地表示他的领导权不是和大众隔离，而是发源于大众的吗？所以在表面上列宁和他的一群似乎是在那里领导着大众向着正确的路线前进，而在骨子里却是他和他的一群受着大众的要求所领导而向前迈进着。他的伟大是在于他能认清大众的要求和用来达到大众要求所必由的正确路线，并不是离开大众而能凭着什么领导权而干出来的。而且在他认清大众的要求和用来达到大众要求所必由的正确的路线后，也还要靠着大众自身的共同奋起斗争的力量而才能获得成功的，并不是抛开大众的力量而能由少数人孤独着干得好的。其实果然能依着大众的要求而努力的，决不会得不到大众的共同奋斗的力量；怕大众力量抬头，用种种方法压迫大众力量的抬头，正足以证明这些人为的是他们自己和他们的一群的利益，所以提防大众如防家贼似的！和大众既立于相反的地位，摧残蹂躏大众之不暇，还说得上什么领导大众呢？果要领导大众吗？必须受大众的领导！

　　原载 1936 年 1 月 25 日《大众生活》第 1 卷第 11 期。

第三辑　人生修养

机　会

常常在嘴里埋怨没有机会的人，是懦弱者的态度。有的人能够利用机会，这里一点，那里一点，积少成多，比之许多粗略的人，在一生一世的里面，无意中把许多好机会错过，真有霄壤之别。留心利用机会的人，好像蜜蜂一样，从他所遇着的每朵花里，他总要采些蜜出来。这种人都是心敏手快，他所遇着的人，他每日所遇着的事情，都是增加他的有用知识或个人能力的材料。

有一位著名的宗教家曾经说过：无论那一个人，在他的一生里面，"机会"至少总来拜访过他一次。不过"机会"见他并不预备接待，于是从门上进来，赶紧从窗里出去！

世界煤油大王洛佛勒，这是大家听见的。在一八七〇年以前，美国所产的煤油不少，但是没有人想法把它炼好，所以质地极劣，且常有危险，全国人用的煤油灯，模糊不明，好像在黑暗世界里面。一个穷措大的洛佛勒忽然从这里面看见他的机会。先从一桶油研究起，与一位合作的朋友，尽心探讨改良的方法。经过二十年的工夫，从一千圆的资本，扩充到一千五百万万圆的资本！

洛佛勒的例还不过是发财而已。但是因能利用别人所不注意的机会而成科学发明家，工程师，艺术家，著作家等等，也就不．

少。例如拿一块固体放入一个装满着水的桶子里，那一个不看见这桶水要溢出一部分？有那一个能因此发现一种科学上极重要的知识，知道这个固体所排的容积，与所排出的水相等？但是亚其密的斯（Archimedes）看见这个现象，便能发现科学的一个定律，因简易的方法，算得出无论何种无定形式的立体容积。

悬空挂一件略重的东西，你若把它摇动一下，它便往前往后的继续摇动，必俟有东西去阻挡它，或受空气的阻力，才行停止摇动。这是很寻常的事，哪一个会去想到它有实际上的效用？但是格立利阿（Galileo）却看出这种摇动有一定的准则，因此发明科学上极有用的"悬摆之原理"。

自开天辟地以后，那个人的眼睛不遇着电光闪过，耳朵不遇着雷声震过？但是最先发现这是所谓"电"的作用，为电学的先导，只有佛兰克林。

以上随便举几个例，都是科学界极著名的人物，稍微读过科学的人，没有一个不知道的。他们所以伟大，只不过因为他们能用常人所视为极寻常不足置意的机会。

有一次有一个人参观一位著名艺术家的艺术室，看见里面排着许多神像，其中有一个神像的脸被头发掩得看不见，而两只脚上又有两个翼膀。他问这是什么神？那位艺术家说："这是'机会神'。"那个人问："为什么面孔掩蔽着？"艺术家说："这是表示他到人的前面，人们往往不知道是他。"那个人又问："为什么脚上有翼膀？"艺术家说："这是表示他去得很快，一被他逃去，就不能追赶回来。"这虽是艺术家的"寓言"，但是很有深意，很可玩味。

热　诚

什么是"热诚"？用上海话来说，就是"起劲"。与"起劲"处于相反地位的就是所谓"懒洋洋"，再说得坏些，也可以说是"阴阳怪气"。我们遇着懒洋洋的或是阴阳怪气的朋友，要不要讨厌？既要讨厌，自己就该向热诚或起劲的一条路走。

著名政治家克雷氏（Henry Clay）曾经有几句话说出他的热诚精神。他说："别人演讲重要问题的时候，心里觉得怎么样，我不知道；讲到我自己呢，遇着这种时候，我心目中所有的只不过当前的那个重要题目，此外对于身外的环境，自身，时间，周围的东西，都好像一无所知，一无所觉。"这样起劲的演说，当然要使人感动。

有一位著名的银行家说："一个银行如果真要大成功，要寻聘一位常把这个银行带到铺上的行长。"这是说这种行长对于该行事业的起劲，专注思想于这种事业的精神，不是真把一个那末大的银行搬到那末小的一架床铺上去。

名小说家迭更司（Dickens）说他常被他所经营的小说里面的理想人物和文字的计划所缠绕，非把他们用文字描写出来，简直不让他睡觉，不让他休息！这样起劲的做小说，当然要写得活龙活现，使人读了对着他笑，对着他哭，对着他太息和对着他欢跃！

艺术家的不朽作品，所以能成，也全恃他有勇往直前的爱美的热诚，非把他表现于大理石上或是帆布上，也是不能让他安闲的。

大思想家恩默省（Emerson）曾经说道："世界史上所记载的惊天动地的大事业，都是热诚之凯旋。"

热诚能发生新精力；热诚能启迪新智慧；热诚能增加新兴趣；热诚能战胜恶环境；热诚能给我们以最后的胜利！

原载 1927 年 11 月 20 日《生活》周刊第 3 卷第 4 期。

忙

我有一次因公到武昌去，遇着《时报》主笔戈公振先生，回沪时又得同船。长江风景本佳，我们两人在船面上散步，谈得非常畅快。当时我们谈话里面有两点相同。一点是要壮游世界，一点是觉得事务太忙。关于第一点，现在戈先生已开始实行，正在欧洲。我还在"痴想"的时期，很想三五年内可以"如愿以偿"。讲到第二点，戈先生却给我一个极好的指导，我觉得很受用，所以特为提出来，"以飨同志"。

他说一个人不怕事务忙，只怕没有对付忙的方法。对付忙的方法有两事要特别注意：

（一）事务虽忙，而我们心里却要镇静得像安如泰山，像水波不兴。这样一来，外面的事务虽似混乱得了不得，而我们对付的时候却能一丝不紊，有如持明镜以临万象，便觉心安意泰，绝不感忙的烦苦。若心里跟着忙而烦躁，越烦躁而思想越钝，反而忙上加忙。

（二）应付忙，除心里镇静外，在做的方面要有系统。对于固定的事，什么时候做什么事，要依每日时间支配好。对于临时的事，要依重要的程度，一件一件地做去，做好一件再做一件，不要分心，不要慌乱。这样一来，就是外面的事务混乱得像乱丝一样，我们一根一根地把他抽出整理起来，怕他不由混乱而变为齐整？

原载 1927 年 11 月 27 日《生活》周刊第 3 卷第 4 期。

干！

南方人说"做"，北方人说"干"。我近来研究所得，觉得最好的莫如干，最不好的莫如不干。这个地方所指的事情，当然是指宗旨纯正的事情，不然做强盗也何尝用不着干。

天下事业的成功是没有底的，人生的寿数是有限的。无论哪一种专业或哪一种专学，决不是可由任何个人所能做到"后无来者"的。但是在某一专业或某一专学，我实际果然干了，能成功多少，便在这种专业或专学进步的成绩上面占一小段。继我努力的同志，便可继续这一小段后面再加上去。这逐渐加上去的小段，他的距离或长或短，换句话说，那一段所表示的成功或大或小，当然要看干的人的才智能力。但紧紧的是要干，倘若常常畏首畏尾而不干，便决无造成那一段的希望。

要养成"干"的精神，先要十分信仰天下事果然干了，无论大小，迟早必有相当的反应或结果，决不会白费工夫的。

有了这个信仰，还要牢记两点：（一）不怕繁难。愈繁难愈要干，只有干能解决繁难，不干决不能丝毫动摇繁难。（二）不怕失败，能坚持到底干去，必能成功，就是成功前所经过的失败，也是给我们教训以促进最后成功的速率。就是我个人一生失败，这种教训也能促进继我者最后成功的速率。所以还是要奋勇地干去。若不干，固然遇不着失败。也绝对遇不着成功。

原载 1928 年 1 月 8 日《生活》周刊第 3 卷第 10 期。

用 钱

我们中国自鸣高尚的"儒者"向来吹的是"仁义"，骂的是"利"。其实或多或少，哪一个人不要钱？不过要来路正当，用时不要做"洋盘"就是了！

有某君是我生平很佩服的一位朋友。他现在已成了一位名闻中外的青年法官。他的天资超卓，用功勤敏，固然常人不能望其项背，但是我想他倘若不是家里有钱，也很难"如愿以偿"。

他先在国内某大学读法律，已经成绩斐然。国内大学毕业后决计到美国去留学，他的夫人是一位旧式女子，哭着不肯让他去，说"你既然有了许多钱，一生吃着不尽，何必再要远涉海洋？"他居然毅然的出去。得了博士，又到德国留学，又到法国留学，又调查欧洲的法律界。全是自费，没有钱简直不必说起！但是这样用钱，把自己造成一个极有充分准备的专门人材，也就是替国家增加一个十分健全的分子，真是值得！真是值得！

所可恨的这种巧合很少很少。有许多只知守财死不觉悟的守财奴；有许多英俊有志的又是穷措大。

原载 1928 年 1 月 22 日《生活》周刊第 3 卷第 12 期。

孤　独

近读美国前总统威尔逊氏的演说集，有一句话使人不胜感慨而兴奋。他说："林肯是一个孤独的人！"（"Lincoln was a lonely man."）

林肯何以是一个孤独的人？他的思想，他的抱负，他为国为民的苦心孤诣，他为民为国的辛勤奋斗，生前有那一个人真懂得他！当时同党的人有人叛他的，当时不满意他的人，甚至说他是一个猴子，有人加以衣冠，利用作傀儡；一旦被刺，国人追念前勋，全国挥泪，则这位孤独的英杰，已经瞑目了！我读他的传记，不禁掩卷唏嘘，感不绝于予心！

一个人须内心有所自主，如一人誉之而喜，一人毁之而忧，决做不成什么好事！

有某君说做人要做到不怕骂，才能有所成就。这句话虽有深意，当然也很有流弊。我以为先须自己深切的考虑，自己的主张是否正大？自己的工作是否正当？如自信问心无他，便当公而忘私，奋勇做到底，置成败利钝于不顾，做一个孤独的人而于心无所怨怼。倘若卑鄙污浊，效法"笑骂由他笑骂，好官我自为之"的无耻态度，那便"差之毫厘，谬以千里"！

"林肯是一个孤独的人！"我们奋斗的时候，要常常玩味这句感慨而兴奋的话！

原载 1928 年 4 月 1 日《生活》周刊第 3 卷第 20 期。

感　情

　　我们待人，金钱的势力有限，威势的势力也有限，最能深入最能持久的是感情的势力，深切恳挚的感情，是使人心悦诚服的根源。

　　我们的亲属，或是我们的挚友，其中若有不幸而离开人世的，我们不自禁其鼻酸心痛，悲哀涕哭；听见有一个不相识的路人在门口被汽车轧死，我们至多悯惜而已，决不至流出眼泪来。亲属挚友是人，路人也是人，然而或悲或不悲，不过一则有感情，一则无感情而已。

　　友人某君在某机关居于领袖的地位，他对于其中的职员，除公事外，对于各人的私事，各人家庭状况之困难情形，个人疾病之苦痛情形等等，都很关切，时常查询慰问，有可以帮忙的地方无不热诚帮忙，所以许多同事视他不仅是公事上一个领袖，也是精神上得着安慰的一个良友。

　　又有一个机关的领袖，他的学识经验都很使人佩服，但是我问起他机关里职员对于他的感想怎样，所得的答语是："我们对于他敬则有之，不过感情一点儿没有！"我追求其故，才知道这位领袖于公事之外，对于同事私人的事情，从来没有一个字问起。你就是告了几天病假，来的时候，他把公事交给你就是了，问都不问，慰问更不必说！依他那样的冷淡态度，你死了，他就移原来薪水另雇一人就是了，心里恐怕一点不觉得什么！所以替他做事的人，也不过想我每月拿你多少钱，全看钱的面上替你做多少事，如此而已，至于个人的感情方面，直等于零！

上面那两个机关，在平日太平的时候，也许看不出什么差异，一旦有了特别的事故来，如受外界的诱惑或内部的意见而闹风潮的时候，结果便大不同了。

我还有一位朋友在上海某机关服务，他是常州人，不幸生了病，回乡去卧了一个多月，他那个机关里的领袖三番五次的写信慰问他，叫他尽管静养，不要性急。他说当时捧读这种情意殷切的信，真觉得感慰交并，精神上大为舒服，简直可以说于医药之外，也是促他速愈的一个要素！

我们倘能平心静气从这类事实上体会，很可以看出待人的道理；我们平日待人的时候，很要在这种地方留神，也可以说是做人处世的一种道理。

原载 1928 年 8 月 12 日《生活》周刊第 3 卷第 39 期。

静

我们试冷眼观察国内外有学问的人，有担任大事业魄力的人，和富有经验的人，富有修养的人，总有一个共同的德性，便是"静"。我们试细心体会，可以看出一个人的学问，魄力，经验，修养等等的程度，往往和他们所有的"静"的程度成正比例。

静的精神之表现于外者，当然以态度言词最为显著。我们只要看见气盛而色浮，便见所得之浅；邃养之人，安详沈静，我们只要见他面色不浮，眼光不乱，便知道他胸中静定，非久养不能。

我们试看善于演说，或演说有经验的人，他的态度非常沈静安定，立在演台上的时候，身体并不十分摇动，就是手势略有动作，也是很自然的。惟其态度能如此之安定自然，所以听众也感觉得精神安定，聚其注意于他的演辞。初学演说或演说毫无经验的人，往往以为在演台上要活泼，于是摇手动脚，甚至于跑来跑去，使听众的眼光分散，注意难于集中，真所谓"弄巧成拙"！

做领袖的人，静的精神之表现于态度者尤为重要，遇着重要事故或意外事故时，常人先要惊慌纷乱，举止失措，做领袖的便要绝对的镇定，方可镇定人心，不至火上添油，越弄越糟。

不必说什么机关的领袖，就是做任何会议的一时主席，也须要具有"静"的精神的人上去，才能胜任愉快。

"静"的精神之可贵，不但关系外表，脑子要冷静，然后思想才能够明澈缜密。有了这种冷静的脑子，用来研究学问，才不至受古人所愚，才不至受今人所欺，一以理智为分析判断之准绳；有了这种冷静的脑子，用来应事应人，才能应付得当，不受欺蒙；有了这种冷静的脑子，用来立身处世，才能不为外撼，不为物移，才能不至一人誉之而喜，一人毁之而忧，才做得到得意时不放肆，失意时不烦恼，因为有了这种冷静的脑子，胸中有主，然后不为外移。

昔贤吕心吾先生曾经说过："君子处事，主之以镇静有主之心。"又说："干天下大事，非气不济，然气欲藏不欲露，欲抑不欲扬，掀天揭地事业，不动声色，不惊耳目，做得停停妥妥，此为第一妙手。"这几句话很可以说出静的妙用来。

但是我们所主张的"静"是积极的，不是消极的；是要向前做的，不是袖手好闲的。例如比足球的时候，守球门的人多么手敏眼快，但是心里是要十分冷静的，苟一心慌意乱，敌方的球到眼前还要帮助敌方挥进自己的门里去！我们是要以静为动之母，不是不动。关于这一点，吕心吾先生还有几句很可以使我们受用的话，我现在就引来做本文的结束："处天下事只消得安详二字，虽兵贵神速，也须从此二字做去。然安详非迟缓之谓也，从容详审，养奋发于凝定之中耳。是故不闲则不忙，不逸则不劳。若先怠缓，则后必急遽，是事之殃也，十行九悔，岂得谓之安详？"

原载 1928 年 12 月 16 日《生活》周刊第 4 卷第 5 期。

瞎　想

有某君是农业专家，近来非常悲观，有一天对我长叹一声说道："做人有什么意思？到最后还不是剩两根骨头一堆灰！"我说这去想他作甚？不见得经你这样长吁短叹，将来你死后能把"两根骨头一堆灰"一变为两根玛瑙一堆真珠。

有某君恨极了国事之腐败，人心之涣散，国际之丢脸，对我说他常想来世无论如何不再做中国人，决计投胎到西洋各国去。我说这去想他作甚？你今世"投胎"到中国来，何曾是你预先有过了什么"决计"？来世如何，茫无闻见，你现在又何从向谁先订好一个合同？死后是否可以投胎，你现在又何从和"阎王老爷"（假使有）接洽？不见得经你这样"常想"，能在现在把你的眼睛变蓝，头毛变黄，肤色变白。

有某君来信，说他现在某家公司当职员，尚称相得，不过很怕这公司倘若营业不好，关门大吉，他又要失业了，所以他常常忧虑。我说这去想他作甚？你只有尽心服务而已，至于公司的关门不关门，既不是你一个人所能作主，就是你废寝忘食专心致志的"忧虑"，要关还是要关，不关还是不关。

又有某君来信，说他自己虽有职业，所入甚微，想到他的父亲年岁已大，一旦不讳，全家之累就要丢在他的肩上，所以他时时非常的悲伤。我说这去想他作甚？你只有尽你的心力做去，能帮到那里就帮到那那。不见得经你这样"时时的非常悲伤",你的尊大人就能"返老还童",年岁一天一天的由大而小起来。

我们只有就现在所有的能力和机会尽量的做去;无用的瞎想,只不过徒耗精力于无用之处,当毅然决然的一概摒绝。

原载 1929 年 6 月 9 日《生活》周刊第 4 卷第 28 期。

迷

戈公振先生主持报界笔政二十余年，他的专一勤慎的服务精神，索侮知者所悦服。去年他由欧回国，到沪没有几天，偶于张竹平先生家宴席间相遇，即承他对本刊深加奖借，不作泛泛奖语乃能详举其特点所在，并蒙殷勤指教。我即深异他于回国之后如许短时期内，对国内出版物即能加以如此之深切的注意。最近他乔迁到"淞云别墅"，约我暇时一观其新屋，并畅叙，我既到，见其房间陈设之物，益叹先生报迷程度之深。他房内满箱满架所置放的东西，除关于新闻事业之中西书籍外，都是许多形形色色大大小小的出版物。壁上贴有许多各国各种日报周刊，就是卧榻旁的墙上也贴有好几种，内有一种格式与本刊差不多，而插图乃数色凑成，鲜明美丽夺目，中有一位姿容曼妙，仪态万方的美人儿，戈先生现仍独身，想即他朦胧中获以安慰的天上安琪儿。他对我口讲指画，津津有味：这是德国的某报，每期销数几十万，那是英国的某报，每期销数几十万，那是美国的某报，每期销数几百万……除各种西报外，连《申报》尚未出世以前的《中国日报》都有。有一张旧得不堪的老报纸，破得仅留半张了，他仍保藏有如珍宝，欣然取出相示，大有眉飞色舞之概。我劝他何不开一个小小的展览会，他说本也想做，因忙得不了，未能举行。戈先生早已断弦，不想续，他说并不是要标榜什么独身主义，不过觉得如此自由些，我看他好像已把自己嫁给新闻事业了。

一个人能寻着自己所爱好的事业，做到迷的程度，不但"好之"，而且"乐之"，这是何等愉快的事情！

我记得小时在上海南洋公学附属小学肄业，寄宿舍是用大房间，每个房间里有二十架左右的榻位，我的卧榻在窗口，对面一榻也在窗口，是高级同学周仁山君睡的。每睡到半夜，就听见榻前有手舞足蹈声，有伸展骨节声，有加紧呼吸声，初觉骇异，后来才知道这位同学原来有拳迷，无论怎样严冷的天气，常人把被窝盖得紧紧的，他却十分起劲的爬起来干一回。平常你和他谈谈天，谈到一半，也许他高兴起来，就在你面前伸手弯曲腿儿做坐马势，打一回拳术的玩艺儿。凡事迷而后精，他迷到这样地步，拳术当然很精，当时的校长沈叔逵先生就请他兼任小学里的拳术教练员，免他的学费。

老友某君有昆曲迷。他在办公室办公，遇着公事略松的时候，竟会一个人在那里出神，把手放在桌上拍起来，头儿摇而摆之的轻声低唱！我看他真是兴味无穷，有天塌下来不管的样子！

有兴趣而迷，迷而兴趣愈浓，这是自然的趋势。但是迷的对象也很重要，倘若迷的对象错了，愈迷愈不得了。何西亚先生曾经告诉我一件可笑的事，他有一个时期里面同房间住的是一个赌迷，往往睡到半夜，梦中爬起来坐在榻上，把手伸出乱摸，做洗麻雀牌的样子，既而排牌，既而看牌，既而打牌，起劲得很，嘴里还要嚷着："白板！碰！"乱打一阵，再躺下睡去。不知底细的人，简直是要被他吓得起跳。

何先生所谈的这件事不过是赌迷之一种现象，还未看到赌迷的可怜恶果，最近上海有一家报馆，里面有一位职员迷于赌摇摊，输得罗掘俱穷，就是馆内茶房的钱都借得一塌糊涂，最后一次还向会计处借洋五十圆作孤注之一掷，又输得精光，当晚吃鸦片而死，死后棺材还是友人凑助的，身上就穿着一件旧棉袍而去。迷到不顾身，总算迷得利害了，但是这样的迷，何等可怜！

据一位朋友告诉我说，某处邮政局有一个看门的工役，迷于嫖；生了一身的杨梅疮，还是迷；后来鼻子烂了，还是迷，竟以嫖亡身。迷得不顾身，总算迷得利害了，但是这样的迷，何等可怜！

原载 1929 年 6 月 23 日《生活》周刊第 4 卷第 30 期。

天　才

　　这是今年刚才十七岁的美国福尔德女士（Miss Betty Ford），她生后仅仅九个月，就知道说话，就认得二十六个字母，最近由史丹福大学毕业（Stanford University 即现任美总统胡佛的母校），年才十七岁，成绩优异，尤擅文学，现正在著一本小说，知者无不叹为"天才的异常例子"（"Extraordinary example of genius"），人们希望她能把自己造成一位未来的女小说家。

　　这种天才，我国也偶而有之。例如唐朝的文豪王勃，六岁的时候就会拿笔做文章，他十四岁时因父亲为交趾令，亲往省亲，道过南昌，适都督阎公宴客于滕王阁，勃即席作序，阎公叹为天才，文中"落霞与孤鹜齐飞，秋水共长天一色"，尤为传诵千古的名句。世界文学家往往有怪癖，这位少年文豪平日为文也有一种怪癖，他有了一个题目，先把墨磨好，钻到被窝里去睡觉，睡醒的时候，就赶紧拿起笔来一挥而就，时人谓为"腹稿"，一时传为美谈。

　　天才是社会的至宝，倘若不加以相当的启迪和养育维护，也易于埋没，所以各国教育家对天才都很注意。就广义讲，我们除非是真正低能，各人都有多少天才，不过程度不同而已。做父兄师长的人要常常注意子弟的天才趋向，加以审慎的启导，勿令埋没；做青年乃至虽达成年的人，也常常要省察自己天才的趋向，加以集中的努力，勿令埋没。增进天才属于优生学的工夫，虽非个人所能一时左右，但使已有的潜伏的特长尽量发展，是在人人的可能范围里面。

原载 1929 年 8 月 25 日《生活》周刊第 4 卷第 39 期。

忘　名

"三代下惟恐不好名"，一个人知道好名，他便要顾到清议，想到舆论，不敢肆无忌惮，不要脸的人当然更是不要名的人，所以好名原来不是一件什么坏的事情，有的时候也许是一种很有效的兴奋剂，督促着人们向正当的路上前进。所以我们对于好名的人，并不要劝他们一定要把好名心去掉，不过要劝他们彻底明白"名者，实之宾也"，要"实至名归"的名才靠得住。像因发明"相对论"而名震寰宇的德国科学家安斯坦，他的名是实实在在的有了空前的发明，引起科学界的钦服，才有这样的结果，并不是由他自己凭空瞎吹出来的。你看据他的夫人说，他生平是极怕出风头的，极怕有人替他做广告的，甚至有人把他的相片登在报上，他见了竟因此不舒服了两天。可见他的名是他的确有实际的事业之自然而然的附属产物，并不是虚名，在他当初原无所容心。惟其有"实"做基础的"名"，才有荣誉之可言；若是有名无"实"的"名"，别人依你的"名"而要求你的"实"，你既然是本无所谓"实"，当然终有拆穿的时候，于是不但享不着什么荣誉，最后的结果，只有使你难堪得无地自容的"丑"。俗语谦词有所谓"献丑"，不肯务"实"而急急于窃盗虚声的人，便是拼命替自己准备"献丑"，这是何苦来！

我们并不劝好名的人不要好名，只希望好名的人能在"实"

字上用工夫，既如上述：但是照我个人愚妄之见，一个人要享受胸次浩大的愉快心境，要不为"患得患失"的愁虑所围困，则热衷好名远不如太上忘名。

我们试彻底想一想看，"名"除了能满足我们的虚荣心外，有多大的好处？我常以为我们各个人的价值是在能各就天赋的特长分途对人群做相当的贡献，做各尽所能的贡献，我有一分实际能力，干我一分能力所能干的事；我有十分实际能力，干我十分能力所能干的事。有了大名，不见得便把我所仅有的一分能力加到十分；没有大名，不见得便把我所原有的十分能力缩到一分。我但知尽我心力的干去，多么坦夷自在，何必常把与实际工作无甚关系的名来扰动吾心？

美国著名飞行家林德白因飞渡大西洋的伟绩而名益噪，乃至他随便到何处，都有新闻记者张望着，追询着，甚至他和他的新夫人度蜜月，都要千方百计的瞒着社会，暗中进行，以避烦扰。这是大名给他的好处！

美国前总统现任大理院院长的塔虎脱，最近因为生了病，动身到加拿大去养病。他原已病得走不大动，坐在一个有轮的靠椅上，用一个人推到火车站去预备上火车。他既是所谓名人，虽在养病怕烦之中，仍有许多新闻记者及摄影者包围着大摄其影，虽然经他再三拒绝，还是不免，他临时气急了，勉强跑出了椅子，往火车上钻，一面摇着手叫他们不要跟上。这也是大名给他的好处！

我们做无名小卒的人，度蜜月也好，养病也好，享着自由自己不觉得，谁感觉到他们的许多不便利？

身前的名对于我们的本身已没有什么增损，身后的名则又如何？杜甫梦李白诗里说"千秋万岁名，寂寞身后事"，死后是否有知，我们未曾死过的人既无从知道，又何必斤斤于"寂寞"的"身后事"？况且身后的名，于我们的本身又有什么增损？例如生在二千四百七十二年前的孔老夫子，他自有他的价值，他生时自有他的贡献，后来许多帝王硬把他捧成"独尊"，现在有许多人硬要打倒他；或誉或毁，纷纷扰扰，他在死中是否知道？于他本身又有什么增损？

蔡孑民先生有两句诗说："纵留万古名何用？但求霎那心太平"，我觉得可玩味。我们倘能问心无愧，尽我心力对社会有所贡献，此心便很太平，别人知道不知道，满不在乎！有了这样的态度，便享受得到胸怀浩大的愉快心境，便不至为"患得患失"的愁虑所围困，所以我说热衷好名远不如太上忘名。

原载 1929 年 10 月 6 日《生活》周刊第 4 卷第 45 期。

挨　骂

伟大如孙中山先生，一生为我们的民族自由平等尽瘁，但是他就一生挨骂，他自己在"自传"里就说："当初次之失败也（按指一八九五年广州之役），举国舆论莫不目予为乱臣贼子，大逆不道，咒诅谩骂之声，不绝于耳。"甚至到他临逝世的那一年，由广州到上海，上海英人办的《字林西报》还发出孙先生不应住在租界的狂吠（详见黄昌谷先生讲述《中山先生北上与逝世后之详情》）。我想中山先生如果不能挨骂，决不能为中国奋斗至四十年之久，早就气死了。

林肯也总算是美国的伟大人物了，他为废奴及维持美国南北统一而奋斗，也是一生挨骂，甚至有人骂他不是人，是一个猴子由人加以衣冠而利用作傀儡的。我想林肯如果不能挨骂，决不能为美国奋斗至十余年之久，早就气死了。

即如本刊最近所屡次论到的德国逝世未久的史特莱斯曼，当他救国最力之时，即他挨骂最烈之日，他的救国事业实无时不在挨骂的荆棘中过去，挨骂简直是他的家常便饭。我想史特莱斯曼如果不能挨骂，决不能为德国奋斗至六年之久，早就气死了。

所以我们遇着挨骂的机会，无须烦闷，无须着慌，无须胆怯。有的时候，尤其是在我国的社会里，只要你肯努力，只要你想有什么小小的贡献，便有了挨骂的机会，最好是你不要努力，最好是你不要想有什么小小的贡献——大贡献更不必说——那才得安闲无事！

话虽如此，但是如骂得不错的，我们却也应该虚怀容纳，因为我们深信天下无绝对完善的人，无绝对完善的事，最重要的是要常常虚心诚意的在那里努力求进步，如果被人骂得对，正是多一个改良的机会，也便是多一个进步的机会。

听到骂得有道理的话，诚宜猛自反省，从善如流；听到无理取闹的话，只得向往先贤坚苦卓绝的经验，藉以自壮胆力与进取的精神，仍是要努力向前干去，仍是要尽心力向前干去。

原载 1929 年 11 月 17 日《生活》周刊第 4 卷第 51 期。

信　用

　　一个人的信用可丧失于一朝一夕一事一语，但培养信用却在平日之日积月累，而不能以一蹴几，故欲凭空一旦取人信用是不可能的事情。明乎此点，则欲求人之信用而不注意于平日自己之言行者实为莫大之愚妄。其次则信用须由"实行"获得，而非可藉"空言"窃取。嘴里尽管说得天花乱坠，像煞有介事，最初一次至多不过引人注意，然闻者注意之后即随之以事实上的推察，一次空言，令人怀疑，二次三次空言，则注意且不能唤起，更何有于信用？明乎此点，则欲求人之信用而仅以空言搪塞或敷衍者亦为莫大之愚妄。综述上意，信用之养成须经过相当的时期与确凿的事实。苟在所经过的时期与事实方面果有以取信于人，则人之予以信任乃自然的倾向，无所用其作态或自己挂在嘴巴上吹着，因为信用之为物必经过时期与事实之证明，不是摆在面孔上或挂在嘴巴上的东西。

　　人民对于执政当局的信用也有一样的途径。为政者在所经过的时期中与所经过的事实中，果能廉洁奉公，为国尽瘁，确无贪婪之行为，果无亲戚私党把持盘踞作威作福搜刮脂膏奢侈恣肆的迹象，使爱者痛心，仇人快意，则虽默而不言，人民的信用自在，否则虽言者谆谆，听者藐藐，所说的话都是白说的。这个时代虽似乎是专会埋怨别人的时代，但记者却以为须痛下一番反省的工夫。敌人不足畏，自己和自己的左右最可畏。信用是要由自己在经过的时期与经过的事实中造成的，有公开的事实与人以相见，敌人虽悍，无所施其技。

原载 1930 年 8 月 24 日《生活》周刊第 5 卷第 37 期。

呆　气

我们寻常大概都知道敬重"勇气"，和敬重"正气"。昔者曾子谓子襄曰："子好勇乎？吾尝闻大勇于夫子矣：自反而不缩，虽褐宽博，吾不惴焉；自反而缩，虽千万人，吾往矣！"这是从理直气壮中所生出的勇气。孟子说："我善养吾浩然之气。"有人问他什么叫"浩然之气"，他说："难言也，其为气也，至大至刚，以直养而无害，则塞于天地之间；其为气也，配义与道，无是，馁也。"这是天地间的浩然正气。但是愚意以为非有几分呆气，勇气鼓不起来，正气亦将消散；因为"虽千万人，吾往矣！"非有几分呆气的人决不肯干；"以直养而无害"，亦非有几分呆气的人也不肯干。试想富贵不能淫，威武不能屈，贫贱不能移，不是呆气的十足表现吗？

研究任何学问，欲求造诣深邃者，也不可不有几分呆气。据传发明地心吸力学说的奈端，有一天清晨正在潜思深究的有味当儿，他的女仆预把鸡蛋置小锅旁备他自煮做早餐，他一面沈思，一面把手上的一只表放入锅内滚水中大煮特煮，这不是呆气的表现吗？又据传说电学怪杰爱迭生结婚之日，与新夫人同车经过他的实验所，把夫人暂停在门外，自己跑进去取什么东西，不料进去之后，忘其所以，竟在一张桌上大做其实验，把夫人丢在外面许久，最后由新夫人进去找了出来，才一同回家去。这又不是呆气的表现吗？大概研究学问非研究到有了呆气的境域，钻得不深，求得不切，只有皮毛可得，彼科学家思创造一物，发明一理，当其在未创造未发明之前，人莫不讥为梦想，甚乃狂易，认为徒耗光阴，结果辽远，而彼科学家独能不顾讥笑，埋头研究，甚至废寝忘食，甘之如饴，非有几分呆气为后盾，岂能坚持得下去？

委身革命事业以拯救同胞为己任者，也不可不有几分呆气。彼革命志士，思为国家谋幸福，为人民除痛苦，而当其未达到谋幸福除痛苦之前，无一兵一卒之力，无弹丸凭藉之地，在他人见之，未尝非纸上谈兵，痴人说梦，认为必不可以实现，然卒以彼大革命家之规谋计划，冒万险，排万难，忍人之所不能忍，为人之所不敢为，刀斧不足以惧其心，穷困不足以移其志，置身家性命于度外，而登高一呼，万方响应，翕然从风，固为万流景仰，但在流离颠沛之际，非有几分呆气为后盾，岂能坚持得下去？诚以凡事非有几分呆气来应付，处处只计及一己利害，事事顾虑前途得失，无丝毫之主见，无丝毫之冒险精神，迟疑不前，趑趄不进，永在彷徨歧路之间而已。

此外欲能忠于职务，亦非具有几分呆气不可，在办公室中但望公毕时间之速到，或手持公事而目注墙上所悬时计者，大概都是聪明朋友的把戏，事业交在这种人手上是永远办不好，这是可以保险的。因为他所缺乏的就是忠于职务视公务如己事的呆气。降而至于交友，也以具有几分呆气的朋友为靠得住。韩退之所慨叹的"士穷乃见节义"，朋友穷了，仍不忘其友谊，此事非有较高程度之呆气者不办！

我们寻常的心理，大概无不喜闻他人之誉我聪明，且亦时欲表现其聪明；又无不厌闻他人之称我为呆子，而并不愿自认为呆子。初不料呆气也有那末大的好处！

　　原载 1931 年 5 月 16 日《生活》周刊第 6 卷第 21 期。

功　效

关于最近逝世的发明大家爱迭生的生平，本刊曾经屡有详细的介绍，他根据阅历所得的经验之谈，尤其有意味的是这句话："人能努力前进而又能忍耐地等着，那末万物都是他的了。"不努力前进而徒然忍耐地等着，那是希望不劳而获，或是惰性的表现，固无成功的可能；虽知努力前进而急躁得不能忍耐，好像今天结婚，明天就要生子，那不是心灰意冷，便是要中途自尽，甚至急死，成功虽在后面等候着他，他却不能等候到成功的到来。这两面实有联带关系，为常人所最易忽略的。前贤勉人"只问耕耘，不问收获"，并不是劝人不必有精密的计划而但向前横冲直撞，盲动一阵，却是劝人要努力前进，不必急急于近功速效。

记者对于所谓功效，还有一点更彻底的意见。常人所视为功效的，往往只注重于最后的一个阶段，或是最后的一点；我以为我们可把功效看作绵延的任何阶段间的事情。我们聚精会神于一种事业，做一年有一年间的贡献，做十年有十年间的贡献，这种贡献便是功效，做一日就一日有功效，不一定要等到最后的一阶段或是最后的一点，才算有功效。有了这样的信心，便有向前的勇气，绝对没有灰心的时候，记者常自想，有一日给我机会在本社努力工作，我即努力一日，一旦滚蛋，只须已往所做的工作问心无愧，尽了我的心力，便是我对于社会的区区贡献，虽滚蛋而仍可欣然，不觉得已往的工作是白做的。这样看来，人人都随时随地有获得相当功效的机会，功效之大小远近也许未必尽同，其为尽我心力所获得的功效则一。诚然，我们对于一种事业常有理想中的一个最后目标，但努力前进的过程即是愈益接近目标的途径，走一段即近一段，所走过的便是"收获"，便是"功效"。我们只怕不走，只怕一开步就想一步跨到。

原载 1932 年 8 月 20 日《生活》周刊第 7 卷第 33 期。

走　狗

　　"走狗"这个名称，大家想来都是很耳熟的。说起"走"这件事，并不是狗独有，猪猡会走，自称"万物之灵"的人也会走，何以独有"走狗"特别以"走"闻名于世？飞禽走兽，飞是禽的本能；走是兽的本能；这原是很寻常的事实，并不含有褒贬的意味。但是"走狗"的徽号，却没有人肯承认——虽则这个人的行为的的确确地是在表示着他是一位道地十足的走狗，换句话说，被人称为走狗，大概没有不认为是一件大不名誉的事情。你倘若很冒昧地对你的朋友当面说"老兄是个走狗"，无疑地是得不到什么愉快的反应的。这又是什么道理呢？

　　玩狗是西洋女子的一件很普遍的消遣的事情——这些女子当然是属于有闲阶级的。中国的"阔"女子中也有很少数的染着这样的"洋气"。听说中国某著名外交官的太太便极爱养狗，养了十几只小哈吧狗，她的丈夫贵为公使，有时和她出门带着秘书，一等秘书二等秘书三等秘书等等要很小心谨慎地替她抱狗，恭恭敬敬地侍候着。但这在中国，究竟寥寥可数，所以我们未曾做过著名外交家的娇贵太太的随从者，对于玩着狗的游戏，究竟不易得到"赏鉴"的机会。依记者"萍踪"所到，在英国看见太太小姐们拖着狗在公园里或小山上从容闲步的很多。我在伦敦有一次住宅的附近有一个很广大的草原（Hampstead Heath）遇着星期日，在这里游行的男女老幼非常的多，你在这里可以看见许多妇女手里拖着一只小狗。有许多把拉狗的皮带解下，让狗自由地随着。在这种地方，我才无意中仔细看出走狗的特色。你可常看到这种随着的小狗，它的主人可随便地带着它玩，无不如意。它的主人把一只皮球往前远抛，它就会淋漓地往前跑，拼命把那个皮球抓着衔回来给它的主人；它的主人再抛，它再跑，再拼命抓着球衔回来。有的没有带着皮球，只要拾着一根树枝，也可以这样抛着玩。这大草原上有池塘，有的狗主人领着狗走进池边，把一根树枝抛在池里远处，呼唤着狗去衔回来，这狗也兴会淋漓地往小池里钻，拼命游泳过去，很吃力地把那根树枝衔回来，主人顾盼着取乐。至于这主人是怎样的人，平日干的什么事，叫它干的是什么事，有什么意义，有什么效果，在这疲于奔命的走狗，并没有什么分别，只要你豢养它，它就对你"唯命是听"。自号"万物之灵"的人类里面的走狗，最大的特色，无疑地也是这个和狗"比美"的美德。其实"衣冠禽兽"的人类中的"走狗"较真的走狗，还要胜一筹的，是真的走狗，除非是疯狗，至多是供人玩玩，有的在乡村里还能担负守夜的责任，"衣冠禽兽"中的"走狗"却要帮着豢养他（或它）的主子无恶不作，越"忠实"越"兴会淋漓，就越糟糕！在这种地方也可以说是人不如狗，不要再吹着什么"万物之灵"了。

原载《大众生活》1935 年 11 月 23 日第 1 卷第 2 期。

真　理

　　真理永久是具体的，不是抽象的。这句话初听似乎颇不易懂，因为我们想起"真理"这个东西来，第一个印象便容易连系到抽象，觉得真理和具体并没有连在一块的必要。例如现在有些人跟着人喊"礼义廉耻"，以为这是真理，是"行之百世而不惑，施诸四海而皆准"的原则，原则给我们的第一印象便是抽象的，不必有具体的联系。

　　可是凭空问我们该不该有"礼义廉耻"，这个问句却不很容易回答。照一般人看来，这个问句的答案应是毫无疑虑的"是"。因为就抽象的原则说，谁敢说一个人不该有礼貌，不该有义气，不该廉洁，不该知耻？但是倘若我们问一问中国在当前是在什么时代，是在怎样的境地，以及所谓"礼义廉耻"的具体内容究竟是什么，便大有研究的余地，不是含糊概括的"是"或"否"的答语所能回答的。中国当前是在受着民族敌人的疯狂的侵略和民族危机迫在眉睫的时代，全国大众所急迫要求解决的大问题是集中火力立刻发动民族解放斗争的问题，在这样严重形势之下，土地一天天被敌人不费力地宰割，人民一天天被敌人无限制地蹂躏，在平日升平世界所无妨从容高谈的"礼义廉耻"，在这个时候和这个境地便不该再那样从容高谈着。况且就是讲义讲耻罢，在此时此地应讲的义，应讲的耻，应该是不容坐视民族的沦亡和人民的遭受摧残，否则便是大不义，最无耻！而在事实上所提倡的所谓"礼义廉耻"却是在民不聊生的时候叫你怎样要端正帽子，扭好纽扣，见面要问声"你好"的玩意儿！可见仅就抽象方面空谈什么礼义廉耻，是得不到正确的判断，一加上具体的研究，便可了如指掌了。

在西欧各国游历的时候，看到中国人在国外的情形，使人感觉到我国人不修边幅的习惯随处可见。例如你在那里的街车上遇着的外国人可以看见他们总是头发修得整整齐齐，胡子刮得光光的，但往往可以遇到中国的乘客胡子留得"荆棘满地"，蓬着一头显然一两个月不剪的头发。外国人见着中国人的一举一动，往往就看作中国人的代表型，认为凡是中国人都是一样，所以看见几个人不修边幅，便以为凡是"材纳门"都是不修边幅的。中国人的不修边幅，还有人认为是可以傲人的名士派的丰采，在西洋人却认为这是龌龊的表现，野蛮的象征。你在伦敦街道上看见的双手捧着火柴盘的叫化子，也可以看到他也尽力使衣服刷得干干净净，皮鞋刷得光溜漆黑，头发梳得光溜溜，胡子刮得精光。我们因知道有着这样基本观念的差异，我们在国外游历的人，想到中国人在外的体面，总希望在国外的我们的同胞不要给人轻视，对于衣冠整洁，对嘴巴上和头顶上的几根东西多费些工夫产（金旁下仿此）除产除。

一个人该不该修边幅？倘若我们不把"龌龊"认为可以使自己和别人感到愉快的东西，这问句的答案无疑地是个"是"，但是说来奇怪，近来在欧洲你可以遇到思想比较前进的人们，对于过分讲究边幅的习惯已引起了多少的反感。这并不是说他们赞成蓬首垢面的中国名士派的龌龊习惯，却是因为在他们的社会里过分讲究边幅的习惯含有不同阶层的意识形态，所以热心变革运动的人们对于这种过分的习惯无意中引起了反感。例如他们看戏坐前排的一定要穿礼服，到讲究餐馆里晚餐的一定也要穿礼服，种种繁文缛节，都不过是那些特权阶层玩的把戏，使平民阶层隔离开来，造成社会上不平等的现象。因此你可以看到他们里面思想比较前进的人们，对这些像煞有介事的摆臭架子的举动，亦有厌恶鄙弃的心理。这种情形，也不是抽象的原则所能解释的，也是要就他们所属的时代和境地的具体条件才能解释的。

原载 1936 年 6 月 7 日香港《生活日报星期增刊》。

地　位

我最感到愉快的一件事是展阅许多读者好友的来信。有许多信令我兴奋，有许多信令我感动，有许多信令我悲痛，有许多来信令我发指。

最近有一位读者给我的信，劈头就说："你是没有固定的地位的，所以你肯奋斗，这是我所以特别敬重你的缘故。"下面他接着下去讨论些别的事情。

我凝望着劈头这三句话，静思了好些时候。我当然很感谢他的好意，把"肯奋斗"的话来勉励我，虽则我自己是十分惭愧，对社会并未曾"奋斗"出什么好的贡献。他认为一个人肯奋斗，是因为他没有固定的地位。这一点却很引起我的研究兴味。什么是"固定的地位"，这位读者并未加上什么解释。猜度他的意思，也许是指稳定的地位。例如失业的人，他的地位便不稳定。失了业的人，或是所有的职业已靠不住的人，想法得到职业，或得到稳定的职业，这是人情之常，不但未可厚非，而且是很应该的事情。但得到职业或职业稳定以后，未必就不肯奋斗。所以我转念又觉得这位读者所指的"地位"是会有使人堕落的效用，至少是含有使人保守不求前进的效用。例如做了资本家，做了大官僚之类的东西。倘若这个猜度是对的，那末所谓"奋斗"也有两种意义：一种是因为未得到这样的地位，所以要奋斗去得到；一种是因为没有这种地位使一个人腐化或保守，所以他能向较有贡献于社会的方面奋斗。前一种的奋斗是不值得"敬重"的，所以我想那位读者所指的是后一种的奋斗：即不是为着自己的地位干，是为着社会的或大众的福利干。

倘若我们有了正确的世界观与人生观，个人的地位原是无足轻重的事情。尤其在中国现在所处的地位，我们尤其要撇开个人地位的私念，同心协力于增高国家民族的地位。多在国外游历的人们，对于这一点应该有更深刻的感触。无论你怎样神气活现，无论你在国内是有着怎样高的地位，他们看去都是中国人——本来都是中国人——他们若看不起中国，任何中国人当然也都不在他们眼里。华侨的爱国心比较热烈，这便是一个很重要的原因。我们只要想到中国的国际地位怎样，个人的地位就更不足计较了。

当然，我们所努力于中国国际地位的增高并不是要步武侵略国的行为，并不是羡慕侵略国的国际地位。我们要首先努力于中华民族的解放，努力使中华民国达到自由平等的地位。当前我们民族的最大敌人是什么，是我们做中国人的每个人心坎中所明白的；当前什么是我们民族解放的大障碍物，什么是我们国家自由平等的刽子手，是我们的中国人的每个人心坎中所明白的。说得实在些，中国在国际上可以说是已经没有了地位！你看见哪一个独立的国家可以坐视敌人的铁骑横行，宰割如意，像现在的中国吗？你在各国报章杂志上看到批评中国的文字，总可以看到"中国"这个名词是常常和世界上已亡的国家相提并论的。我们看着当然是要气愤的。在这种时候，谁的心目中都只有"中国"这个观念，都只有中国在国际上的地位怎样的念头，至于个人的地位怎样，是抛诸九霄云外的了，但是徒然气愤没有用，我们现在必须集中火力对付我们民族的最大敌人的残酷的侵略；这是当前唯一的第一件大事，是要我们全国万众一心，勇往奔赴的。只须这第一件大事成功之后，什么其他的问题都是可以迎刃而解的，到那时我们的宪法里也尽可以订有："中国对于因保护劳动者利益，或因他们的科学活动，或因争取民族解放而受控告的外国公民，都予以庇护权。"

这是我们的民族国家未来的光明的地位，是要我们用热血作代价去换来的，是要我们肩膀紧接着肩膀，对准着我们民族的最大敌人作殊死战去获得的。

让我们抛开各个人的地位，共同起来争取中华民国的自由平等的地位吧！

原载 1936 年 7 月 5 日香港《生活日报星期增刊》第 1 卷第 5 号。

旁观的态度与参加的态度

参加一种事业的人，对于这种事业是存着旁观的态度？还是存着参加的态度？这个问题的答案，对于这事业的前途是有很密切的关系，肯定的答案必然保证事业前途的光明与胜利；否定的答案必然要使事业的前途只是黑漆一团！

旁观的态度是消极的，参加的态度是积极的；旁观的态度是只想吹毛求疵，而不想办法；参加的态度是不仅批评，而且还要想办法。旁观的态度是只唱高调，不顾到现实；参加的态度是根据实际的需要，同时并根据现实，加以慎重的考虑。旁观的态度是要说的话藏在肚子里，或背后大斲壁脚；参加的态度是知无不言，言无不尽。旁观的态度是只顾自己，不顾大局；参加的态度是把团体的利益放在第一位，个人的利益放在次要的地位。旁观的态度往往偏于个人的争意气；参加的态度特别注重正义与公道。旁观的态度事事不负责任；参加的态度处处负责任。旁观的态度把自己的事看作团体的事；参加的态度把团体的事看作自己的事。旁观的态度对于同事的好坏，马马虎虎；参加的态度对于好的同事爱护备至，对于同事的错误，总是要很诚恳地设法纠正。旁观的态度只顾到私谊，不顾到团体的公共利益，于是援用私人，包庇私人的种种病态都纷至沓来；参加的态度虽重友谊，但遇到公事，必把公事放在面前。

　　可举的例子还多得很，但是即就上面所举的例子看，旁观的态度与参加的态度之差异，已经很了然了。

　　参加本店事业的同事们应该有那一种态度？我深信诸同事一定异口同声地说：我们所需要的是参加的态度，我们所不需要的是旁观的态度！

　　我们可以安慰的是本店同人的传统的许多良好的精神之中，有一个便是参加的态度而不是旁观的态度。我现在所以还要很郑重地提出来说明一下，有下面的几个理由：（一）我们大家一向虽有这样的精神，但是行之于不知不觉之中，现在有意识地提出来，有意识地把这种精神发扬光大起来，所得的效果更要大；（二）我们的事业一天天地扩大，一天天发达，同事的人数一天天加多，虽然我们的同事，都是很严格地很慎重地选择来的，但也许有最小部分的同事对这种精神还不免欠缺，所以有明白提出共同加勉的必要；（三）本店事业日益扩大，所要解决问题也日益加多，我们必须群策群力，共同拿出力量来奋斗，所以有加强参加的态度，完全消除旁观的态度之必要。

　　依本店的管理法，同事们更应该加强参加的态度，为什么呢？因为本店是采用民主集中制的，只有职务的差别，没有阶级的区分；更具体地说来，任何人对于事业有何好的意见，对于缺点有何积极的善意的批判，都可以大胆地提出来，共同想办法来实行，共同想办法来纠正。本社求材若渴的情形，不但各级负责人知道，我深信凡是本店的老同事都知道。能多提拔好的干部，在本店比较重要的负责人只有求之不得，只有觉得愉快轻松，没有理由加以压抑或轻视，最重要的是有材者须有事实上的表现，这事实上的表现不仅为自己，同时也是为我们所共同努力的团体的事业。所以依我们的组织，依我们的实际需要，都应该有参加的态度，而不该有旁观的态度。

本店事业的发展全靠我们的许多同事有着参加的态度，极少或绝无旁观的态度。我们要共同爱护这种极为宝贵的传统的精神，我们要发扬光大这种极可宝贵的传统的精神。

原载 1939 年 4 月 1 日重庆《店务通讯》第 42 号。

友谊与职权

友谊是天地间最可宝贵的东西，深挚的友谊是人生最大的一种安慰。古人曾有"得一知己，虽死无憾"的话语，也是形容真切友谊的可贵。古今从友谊中不知发生了多少可歌可泣的故事！我们这一群，是为着进步的文化事业而共同努力，我们是同事，但同时也是好友。我们彼此之间应该有着深挚的友谊；我们彼此之间应该有着深厚的同情，亲切的谅解，诚恳的互助。亲密恳切的友爱应该笼罩着我们的整个的环境。

我们同事之间怎样能加强友爱，增进友谊呢？最重要的是待人的态度。我们所做的工作，尽管有种种的差异，但是待人的态度却可以一致，那就是都应该诚恳，和蔼，虚心。我常于无意中静默旁观，看到有些同事对话的态度，不到一言两语，即彼此暴躁起来，好像短兵相接似的！我明明知道我们的同事都是好人，其心都是无他，但是这样的对人态度却大有商量的余地。我自己也是一个性急的人，遇着自己认为重要事情的时候，也不免有疾言厉色的毛病，近几年来已在努力修养，虽比从前自制得多，但仍有待于更多的修养。我深深地感觉到待人的态度与加强友爱增进友谊有很重要的关系，所以特提出来谈谈，希望我们大家互相勉励，尤其是在职务上负责较重的同事，对于同人更须诚恳，和蔼，虚心。但是当局者迷，旁观者清，我们应该有则改之，无则加勉。

但是所谓友谊，也不可以有两种误会：一种误会以为要培养同人间的友谊，就是要马马虎虎，做"烂好人"，对的是对的，不对的也是对的，横竖是公家的损失，与我个人无关！这种误会便是无视职权，牺牲职权来讨好于同人。这种人在实际上也不一定能够得到友谊，因为"是非之心，人皆有之"，尤其是在本店，大家对于公事及集体的利益，都知道重视，这样的拆烂污朋友终究是要失败的。还有一种误会便是把友谊和职权混淆起来。这怎么说呢？我也曾经听到同事诉说有负责人对于向来感情好的同事，事事都可优容，做错了事也可以包庇；对于向来感情差一些的同事，那态度就不同了，做错了什么事就无所逃于天地之间；友谊和职权这样混淆之后，在执行职权时便不能保持"大公无私"的精神。……

我们要珍视友谊，但是我们绝对不可因个人的友谊而妨碍到职权的公正执行，我们应把这两方面分得清清楚楚，必须如此，然后才能使同事心服。

原载 1940 年 3 月 2 日重庆《店务通讯》第 88 号。

第四辑　人世百态

久仰得很！

说谎话是恶习惯，是不名誉的事；这是大家都知道的，但是在中国社交方面，有一种"当面说谎话"而犹自以为"有礼貌"！

寻常遇着一位生人，无论是由自己问起"尊姓""大名"，或是由熟友介绍，第一次总要说一句"久仰得很"！这句话对于真有声望的人说，还说得去；但通常无论第一次遇着阿猫阿狗，总要说"久仰得很"！嘴里尽管这样说，心里到底"仰"不"仰"，似乎一点不管！

有一次我遇某校开校友会，欢迎该校新校长，开会之前，那位做主席的朋友，未曾问清那位新校长的"大名"，后来他立起来致开会词，大说"这位新校长是我们久仰得很的。"开会辞说完之后，他要想请新校长演说，叫不出他的"大名"，只得左右顾盼，窃问他的"大名"，窃问了还不够，还要张着喉咙宣言："这位新校长的大名，我还没有请教过，对不住得很！"连"大名"都没有听见过，居然"久仰得很"，不知道他到底"仰"些什么？

西俗第一次看见生人，常说"我见着你很愉快"，说这句话的人到底心里愉快不愉快，当然也很难说，但是比对于一点不知道的人大吹其"久仰得很"，似乎近情些。

原载《生活》1927 年 10 月 2 日第 2 卷第 48 期。

自然晓得！

我记得我在小学校的时候，我所最感佩的国文教师沈永癯先生（现已逝世）对于同学文上所加的密圈或双圈，加得非常严格。所以大家以文上得了几个双圈为大荣，倘若有了几行密圈，便要眉花眼笑！坐在我相近的有一位同学，很少得到双圈，但是偶然有了几个双圈，文卷一发了出来，他就急不及待地把文卷拿到椅边，翻开来指着双圈给我看看，脸上眉飞色舞，简直描写不出！我当时心里很鄙他的为人。

老友王君说他在国内某大学肄业时候，有一位女同学各课考卷如得到九十分或九十五分，发出之后，一时总不肯收起，总要摊在桌上，让别人瞧瞧。他说这个人的见地未免太窄。

我觉得这种心理移到社会方面，就是自己所做的事还算不得什么，就觉得自己功劳大得了不得，有时摆在面上不够，还要挂在嘴上。

我以为这是很难为情的事情。其实你学识怎样，人家自然晓得；你办事成绩怎样，人家也自然晓得，目前如不晓得，久了必定晓得。一出了你自己嘴里的"吹"，似乎反把固有的价值，降至零度！

所以我以为办事的人，尤其是初出办事的人，最好只管埋头做事，决不可有一点居功的意思，久之信用自著，事功自显。

夸大狂几是一种人类本能。我们听别人"吹"，觉得替他"汗颜"，自己"吹"的时候往往不自觉得，切须提防。

原载 1928 年 1 月 15 日《生活》周刊第 3 卷第 11 期。

由学生而晚而弟！

这个题目看上去似乎很奇特，但有事实做背景。

某机关领袖某君告诉我，他手下有某甲是由他一手训练提拔起来的，最初某甲写信给他的时候，自称"学生"。后来某甲本领渐渐的大了，声名也渐渐的大了，写信给他的时候，便不自称学生而改称"晚"。在某甲看起来，"晚"似乎比"学生"大一点！后来本领似乎更好了，声名也似乎更大了，写信给某君的时候，便不自称"晚"而称"弟"。在他看起来，写信称"弟"便是平辈的朋友，便做到"分庭抗礼"，似乎更大一点！

我又亲眼看见某机关中有几个职员都有取领袖而代之的态度。有一位平日最似忠实的职员，向来写信给那位领袖，名字上总有一个"晚"字，到那时候写起来，便把名字上的小小的"晚"字省去！这位朋友似乎还有点不好意思把"弟"字加上去！

在事实上受信的人不因改称而忽然变小，在改称的人也何尝因这样而真正加大了多少！徒然令人齿冷罢了！而且这种心理实在要不得！实含有"忘恩负义"的意味！我以为"饮水思源"，是做人应该有的德性。

原载 1928 年 3 月 18 日《生活》周刊第 3 卷第 18 期。

阃令的功效

有一位得了博士衔头的朋友，他的阃令真是严极了！他每晚回家的时候，办公皮包要交给他的"内务部"检查一下！皮夹子也要交给她检查一下！如果钞票少了而报不出账来，那还了得！

这位"良人"偏偏不"良"，喜欢"问花折柳"。当然养成报虚账的本领！这也算是阃令森严的一种效果！

有一夜大不得了！她在他的皮夹里检出一张妓女的名片，于是雷电交加的大闹一夜，这位"良人"气急了！无从出气，竟把一个八块大洋新买的办公皮包，用剪刀一丝一丝地剪得粉碎！第二晚他又嬉皮笑脸地到什么香什么玉的家里去了！却白白地牺牲了一个好皮包！这也算是阃令森严的一种效果！

最近这位"良人"有事赴北京去一趟，回沪的时候，川资多下六十大洋，他不拿回家，赶紧偷偷摸摸地寄到一个友人处。预备另有要用！这简直有点近乎贼伯伯了！这也算是阃令森严的一种效果！

中国的家庭往往是一个枯燥无味的场所，走进去有美感的很少很少，如于布置凌乱，龌里龌龊之外，再加以小孩子哭闹声，"内务总长"的噜苏声，懒亲惰戚的讨厌面孔，简直够受得很！我以为要使家庭"美化"，才能有希望使"良人"真能"良"起来，否则阃令虽严，报虚账做贼伯伯的博士只有加多！

原载 1928 年 4 月 8 日《生活》周刊第 3 卷第 21 期。

说话何必拼命

最近有一位朋友到上海来，住在一个很大的中国旅馆，第二天跑来看我，切齿痛恨地说昨夜达旦没有睡，我问他什么原故。他说隔壁房间里有两个"嘉宾"大开其话箱，张开喉咙，拼命的说话！声震数室，一夜不断，好像天地间只有他们两个人存在似的！其实夜阑静寂，轻声可闻，所讲的又不是拼命的事情，何必拼命的大声疾呼！

他又说前曾住过大华饭店及礼查饭店（都是外国旅馆），就有中国人走进去，也都静穆无声，他说到这里，大骂奴性不休！

这位朋友因为一夜没有睡，恨得什么似的，所发表的"卓见"当然有"过激"的地方；但是我国社会上说话像要拼命的人的确不少，别人不是聋子，徒然自己白吃力罢了！真是何苦！

我自己也有一次正在应接室里会客，忽有一位同事带有三位广东朋友进来，看上去也是上等人，岂知他们口一张开，争着说，争着说得响，好像比赛似的！我们大吃一惊，赶紧避开！

这种怪现象，有一部分是由于教育不好，所以乡下人更容易犯，有一部分是由于不好的习惯，喉咙涨惯了，不涨似乎不舒服；但是这种怪现象，不是文明的社会所应有。

原载 1928 年 4 月 15 日《生活》周刊第 3 卷第 22 期。

死得可庆!

昨天在一个朋友家里看见他接到一张大红帖子,上面写着"夏历某月某日为先君九秩纪念谨治桃觞恭请光临",还有一行写着"追庆子某某鞠躬"。

我看见那里面称"先君",知道那位"追庆子"所庆的"老太爷"已经是死人了,死了人向例是用白条子报丧的,同是一个死人,过了几十年,便可用大红帖子"追庆"!难道初死的时候是死得可哀,既经死了若干年,便死得可庆!死得可庆便是说他该死!做儿子的人竟堂而皇之的说老子该死,不是老子罪大恶极,自绝于人道,便是儿子应该"吃耳光"!这种儿子,实在是"罪孽深重"!简直可把讣闻中的"不孝"两字加到"追庆子"三字上面去!

我不是喜作深刻之论,我以为要是生了一个脑子的人类,做事总要想想理由,像这样无理取闹荒谬绝伦的陋俗,居然有许多人盲从,藉此叫人送礼,还要累人来参加"追庆",金钱与时间之浪费一至于此!

与此相类的还有一件事,就是开吊的日子,还有什么"洁樽候教",请人大吃一顿!好像"吃喜酒"一样!真是全无心肝!

原载 1928 年 6 月 24 日《生活》周刊第 3 卷第 32 期。

肉麻的模仿

　　模仿本来不是坏事情，而且有意义的应需要的小模仿反是一件极好的事情。例如模仿外国货以塞漏卮，模仿强有力的海陆军以固国防，模仿良好品性以正心修身，何尝不好？但是无意识的模仿，便有不免令人肉麻的地方！

　　自从《胡适文存》出版以后，好了！这里出一部"张三文存"，那里又出一部"李四文存"！好像不印文集则已，既印文集，除了"某某文存"这几个字外，就想不出别的稍为两样一点的名称！我看了实在觉得肉麻！这种没有创作精神的"文豪"，只怕要弄到"文"而不"存"！

　　还有许多做文章的人，见别人用了什么"看了……以后"做题目，于是也争相学样，随处都可以看见"听了……以后"，"读了……以后"的依样画葫芦的题目，看了实在使人作呕！我遇见这一类题目，便老实不再看下去，因为"以后"的内容也就可想而知！

　　交易所初开的时候，随处都是交易所，好像除了交易所，没有别的生意好做！后来跳舞场开了，也这里一家，那里一家，好像可以开个不完！不细察实际需要而盲目模仿的事业没有不失败的，交易所和跳舞场便是好例。现在又群趋于开设理发店，将来若非一个人颈上生出两个头来，恐怕不够！

即讲到本刊的排印格式，自信颇有"独出心裁"的地方，但是近来模仿我们的刊物，已看见不少，听见有一种刊物的"主人翁"竟跑到印《生活》的那家印刷所，说所印的格式要和《生活》"一色一样"！我们承社会的欢迎，正在深自庆幸，并不存什么"吃醋"的意思，不过最好大家想点新花样，若一味的"一色一样"，觉得很无谓。

我们以为无论做人做事，宜动些脑子，加些思考，不苟同，不盲从，有自动的精神，有创作的心愿，总能有所树立，个人和社会才有进步的可能。

原载 1928 年 8 月 12 日《生活》周刊第 3 卷第 39 期。

仗义执吠的狗

老友张竹平先生住在上海辣斐德路，他告诉我说昨天上午（八月十五日）他家的门口出了一桩奇事。有一部汽车如飞的驶过，刚到他的门口，把一个走路的人轧伤，立刻"呜呼哀哉伏维尚飨"，鲜血淋漓，僵卧于地，那个开车的人看见闯了祸，车也不停，正想"溜之乎也"，张先生寓所隔壁某西人家里却养有两只警犬，看见一个人被那部汽车轧倒于地，红血喷涌，不管那部汽车开足马力，居然大抱不平，狂吠飞腾，奔向车前拦阻前进。那个开车的还想逃，那两只警犬竟"义愤填膺"，同向车上开车的人奔扑阻挠，这个时候，那个开车的人手足竟不得自由，街上看的人也越集越多。结果他竟不免"捉将官里去"！

那两只狗，见义勇为的时候，他们心里到底有无意识，未曾用过"心理测验"来测验一下，在下不是狗类，当然不敢武断，不过看他们所遇的情况及所作的对付行为，不能说是没有意识的举动。我尤其觉得当今"唯唯诺诺"的社会，只有势利不问是非的社会，能有"仗义执言"的人，已若"凤毛麟角"，看到这种"仗义执吠"的狗，更不禁"感慨系之"。

"圆颅方趾"本不是"梅花足迹"的同类，那两只警犬竟"有救无类"（从《论语》"有教无类"脱胎出来的），奋不顾身的做去。若有同属于一个民族的人，眼见穷凶极恶的强暴，占了我们的土地，杀了我们的吏民，还不能开诚布公，互泯私见，消灭意气之争，搁开个人权利，万众一心的振作精神，从事建设，积极御侮，那就对着这两只狗都不免惭愧！

骂人做狗，当然要"像煞有介事"的板面孔，至于人不如狗，则又如何？

原载 1928 年 9 月 2 日《生活》周刊第 3 卷第 42 期。

唯唯诺诺的脚色

平日交到一位唯唯诺诺的朋友，你说这般这般，他连忙称是；你说那样那样，他又连忙称是，一切顺手的时候，你和这样千是万是的朋友在一起，也许觉得舒服得很。但是一旦你有了特别重要的事情，你要有人对你所拟定的办法加以精确的批评，补你思虑所不及，或要藉此取决行止，你便不想去问这样唯唯诺诺的朋友了，你便渴望求得一位"是其所是而非其所非"的得力朋友了，你便要就教于一位肯用脑子能用脑子的朋友了。

各机关里面用人，也有相类的情况，所以各业领袖倘是贤明的，他所朝夕访求的人材，决不是唯唯诺诺的一派，因为唯唯诺诺于他是毫无所补的；你如果不管他的计划到底好坏，不用自己的脑子思考一番，便唯唯诺诺起来，那末他的计划倘若本来是好的，多了你的唯唯诺诺一下，并无丝毫的增益，他的计划倘若本来是不行的，受了你的唯唯诺诺一下，反而促他走入歧途，弄得一团糟！他所殷切访求的是肯用脑子能用脑子的人，因为这种人才能增加他的事功效能，才能替他分负责任。

前几年有某君自美留学回国后，在市政某机关得到一个位置，和社会上所谓领袖人物颇有周旋的机会，但是他一味采用"唱喏"主义，对于他们所计议或所讨论的事情，他总是千是万是，或在他们已讲的话上而再添说几句"为蛇添足"的话。后来那机关里的一位领袖寻出他的短处，对人说"他是没有脑子"的！遇有比较重要的事都不和他商量。

这样看来，做唯唯诺诺的一派的人，最初虽未尝不可令人"适意"，一旦"拆穿西洋镜"，他的信用便从此"荡然无存"！

上面所述某领袖骂唯唯诺诺的人为"没有脑子"的人，脑子原是人人有的，不过对于无论什么事不加思考而无所不"是"的人，虽有脑子而不用。器具则愈用愈利，愈不用则愈钝，人的智慧则亦有然；所以其初不肯用，后来便要做到不能用的地步；于是虽有脑子等于"没有脑子"。

在唯唯诺诺的反面，便是无论对于什么事情，要养成判断的能力；要用自己的脑子思考一番，依自己思考力所得的结果，下一断语；我以为是的还他一个是，我以为非的还他一个非，我以为应该这样办的，或以为应该那样办的，便自己打定一个主意或态度。

有一天作者和几位朋友谈天，其中有人已居于领袖的地位，也有人还是处于"助手"的地位，有一位处于"助手"地位的朋友欿然不自信他有独当一面的能力，我问他何以见得，他说因为恐怕没有独立的判断能力，有一位已居领袖地位的朋友说："你从来未曾独当过一面，当然用不着独立判断能力，没有用过不能说是一定没有，等到你身临独当一面的时候，非当机立断不可，你便须用着你的独立判断力了。"这一句话固然可以振作一般"自馁者"的精神。但是我却再有进一步的建议，就是一个人目前所处的是"助手"的地位，所处理的事情，其最要的决定权虽在所谓"领袖"，但是他对这件事也未尝不可先用自己的脑子考虑一番，自己假定一种"我以为应该要这样办的"办法，看看后来那位"领袖"所拟的办法是否和他所假定的符合，并留意随后的结果，研究结果差异之症结所在，这样一来，岂不也是有运用判断力的机会？岂不也是可以养成独立的判断能力？这样寓"修养"于"做事"里面，实在是增加自己才能的好方法，而其最重要的条件是要"肯用脑子"。

最后我们还有一点要提出的，就是唯唯诺诺的反面并不是"盲目的反对"。社会上有一种人在机关里，或在会场上，无论对于什么"计划"或"建议"，总是要保持一种"死作对头"的态度，不管对与不对，总是要反对的，这是所谓"捣乱分子"，虽与"唯唯诺诺"处于相反的绝端，也是要归在"没有脑子"的一类。

原载 1928 年 9 月 16 日《生活》周刊第 3 卷第 44 期。

礼貌要整顿一下才好！

咱们的同胞生在数千年的"礼义之邦"，当然是有礼貌的！

你看大多数仍旧喜用拜跪礼的结婚，跪了又跪，拜了又拜，跪啊！拜啊！弄得新郎新娘的两个腰，两双腿，酸痛得不亦乐乎！至于虚耗于这种繁文缛节的宝贵时间更不算什么。这种把戏不是自以为有"礼貌"吗？

你看大多数请客上席的时候，并不由主人指定座位，却由客人来你拉我扯，好容易拉扯了半晌，才舒齐的坐下。这种怪现象不是自以为有"礼貌"吗？

不幸多了几位客人，由主人肃入饭厅的时候，或是一同向主人辞别而将要走出客厅门口的时候，又要大家不肯先走，也要你让我，我让你，让个不休，同时也就是嚷个不休！这不是自以为有"礼貌"吗？

自命有礼教的家庭，后辈和前辈同走的时候，不敢并排走，要俯首垂臂，跟在屁股后面，做出奴隶的丑态！这不是自以为有"礼貌"吗？

但是你到火车站去买票的时候，上电车的时候，往影戏园去买票子的时候，遇着人多的时候，老不客气，便要挤得你水泄不通，东推西轧，好像打仗一样！这种可怜的怪现象，本是社会上人士所"司空见惯"的，似乎不值得提起，但是我们如想到犯这个毛病的并不限于没有知识的人，就是自命属于知识阶级的人，也常常被人看见在这种人山人海中乱碰乱钻，便觉得有大声呼喝的必要。

西人遇着人多的时候，常有"成行"的良好习惯，他们叫作Line up，就是列成一行，先到的列在前面，后到的列在后面，按次轮到，不许紊乱，买火车票或戏票的时候如此，无论什么事情有轮次可能的时候都如此，他们差不多成为"行所无事"的自然习惯，但是在咱们"礼义之邦"的一般国民还属绝无仅有。

说到这里，我很难过的忆起一位亲戚告诉我的一件事来。他在美国求学的时候，那个大学里的中国学生只有他和新由中国到的某君。在开学的那一天，学校里许许多多同学正因某事在那里"成行"的时候，他们两位当然也夹在里面。可是那两位里面新到的某君，因为没有"成行"的习惯，立在那里看见前面立着的人一个一个依次的轮到，他列在颇后，心里有些不耐，于是偷偷捏捏的离开自己所立的地位，静悄悄挤到前几个位置里，希望可以立得前面一些，可以早些轮到。不料被左右的美国同学看见，某君自以为极可随便无关重要的事情，竟引起了众怒，有几个美国学生把他拖到最后的一个位置上立着，连原来的那个"颇后"的位置都得不到！当时我的那位亲戚以同国的关系，心里明知某君的错误，仍表同情于他，深恨美国同学的"横暴"。他在美有年，所交得的美国好朋友也不少，事后他和几位美国好朋友谈起这件事，说美国学生未免太使中国学生难堪。但是那几位朋友都一致的以为这并不是专对中国人才如此，就是他们遇着本国人也如此。他们说一个人任意钻到前面去，似乎不要紧，倘若许多人都效尤不守秩序，那一"行"很整齐的秩序，岂不是要扰得一团糟；结果非但不能省时间，反因拥挤倾轧而多费时间。这当然是很显明的道理，所以我的那位亲戚，心里也只有惭愧而已，"夫复何言"！

我在上海有一次在电车站等电车，看见一位西妇手上携着一个四五岁的外国"小把戏"，车停之后，有另一个女子正想登车，那个"小把戏"想抢上一步先登，陪着他的那位西妇（似乎是他的娘），赶紧说道："要让妇女先登。"（Lady First.）那个"小把戏"便很驯良的等着。我们在这种地方，很可以感觉"有礼貌的良好习惯"最好从小就要注意起。但这种话是对做父母及小学教师说的，至于青年，壮年，乃至老头儿，只要自己留心，何尝不能把恶习惯改去。

话说得远了。我们的意思以为中国的礼貌要"社会化"；例如他们在家中客厅里请客让坐位的时候，那样"不惮烦"，在火车站买票的时候只要肯分出百分之一二的"客气"就好了！

原载 1928 年 10 月 7 日《生活》周刊第 3 卷第 47 期。

"吃"而且"拍"

最卑鄙　社会里面有一种最卑鄙的人，便是"吃"而且"拍"的脚色。

什么叫作"吃"，就是对于"吃得牢"的人，是他管得着或自以为管得着的人，或无力和他计较的人，总是摆他的臭架子，常有颐指气使之概！

心理　我们试分析这种"吃"的心理，不外乎要使对方的人觉得他的"高大"，对他增加"敬意"；推他的本心，也不过要人对他"心悦诚服"。

错了　但是他错了！一个人的"大"，一个人的"可敬"，一个人的"配悦配服"，要完全由别人的心目中做出发点的，不能由"自大"就可以达到目的的。

就职务上说，如果你的职权都比别人大，而你对于你的职权又是"内行"，别人所经手的事情是要和你接洽，是要受你监察，在实际上你就是和颜悦色，有相当的礼貌，决不因此而"小"。否则就是你的眼睛生在额上，甚至生在额骨头后面去，目中看不见人，也不见得就"大"了起来！总之"大"要从别人心目中出发，"自大者"不"大"！

就本领上说，你不动声色的把本领用到你所应做的事务上去，别人自然而然的觉得你的可敬，别人自然而然的觉得你配悦配服。你若把本领放在面孔上，别人便"勿买帐"，就是表面上也许不得不对你敷衍，心里总是"勿高兴"！换句话说，你要别人"敬"，反因此使别人"厌"；你要别人"服"，反因此使别人"看不起"，何苦来！

拍　说也奇怪，工于"吃"的人，也往往工于"拍"，所以这种人可以说是"吃"而且"拍"。什么叫作"拍"呢？这很简单，就是"谄媚"。"拍"的表现可分形态和语言两种。形态方面例如一鞠躬就要九十度，两手垂直步武"二爷腔"，言语方面例如一回答就把"是"字像联贯珠似的挂在嘴上。至于行为方面当然还有"拍"的妙用。

心理　我们试分析这种"拍"的心理，不外乎要"讨好"。其实只有用真本领来服人是有永久的性质，靠"拍"来"讨好"的，虽可乘"谄媚"的普通心理，使受者最初也许被他欺了过去，终究要拆穿西洋镜的。我有一位朋友亲见有某甲在某机关里服务，对于那机关的领袖方面，"拍"的工夫用得十足，在形态和语言方面当然是应有尽有，有一次那领袖有喜事，同事送公份，他却另外送一份很重的礼物。礼物是依交情而有厚薄的，重礼本不一定是怎么样坏的，不过他的重礼并非有什么厚交情，却是出于厚"拍"。后来他对职务上"撒烂污"，"撒"了一次，受他"拍"的人还包庇他，"撒"了好几次之后，受"拍"的人也只得请他另换一个地方去"拍"！请他"卷铺盖"！

礼貌　在社会上应人接物，当然要有礼貌，我们并不是说要装出桀骜不驯的神气，才算美德，不过"拍"的丑态，和"拍"的陋行，却为君子所不取。

少你不得　无论做什么事，能实事求是的切实做去，使用你的机关觉得在事业方面少你不得，就是你要走，也要把你拉住，用不着"拍"！

原载 1928 年 10 月 21 日《生活》周刊第 3 卷第 49 期。

弗识相

"弗识相"是上海的土语，意思是说不知轻重，或是不知分寸，也可以说是"瞎来来"。

有人生了一个弗识相的嘴巴，于是不免由嘴巴上发生种种弗识相的事情。有某君做人是很诚实的，从美国读了一个工程师的学位回来，可惜他生了一个弗识相的嘴巴，碰到几个同事买了几根香蕉放在桌上，香蕉只有五根，人却有六个，已经有点尴尬，他老先生一动手就狼吞虎咽的一口气吃下了三根！他并不是偶尔开玩笑，却是不幸养成了弗识相的习惯，板着面孔正而经之的干的！这不过是举一个例，他那弗识相的嘴巴所造的诸如此类的成绩还多得很。这种小事，竟使得许多同事觉得他这个人"呒清头"，都讨厌他，可怜他自己还丝毫不觉得。

弗识相的嘴巴，除了弗识相的吃之外，还有弗识相的说。尤其是在办公的时候，他明明看见你桌上堆满了待办的事件，却东拉西扯地说个不了，你又不好意思赶他，真是尴尬！但是这种人终要使人怕他，人家上了一次当之后，每看见了他的名片，只得摇头对茶房说："对他说我出去了！"

还有一种弗识相的嘴巴，是喜欢噜哩噜苏的讲自己过去的履历。这种毛病大概四五十岁乃至五六十岁的老头儿犯者最多。他可对你滔滔不绝，从他进秀才中举人一直说到同治光绪宣统而民国的他的已往的官历或阅历。他不想这是他个人的事情，别人听了并没有什么趣味！他自以为"不堪回首"，咨嗟慨叹，殊不知别人费了许多工夫，听了许多不相干的话，对面又是"老伯伯"，不好意思打断他的话劲而拔起脚就走，这就不是令人"不堪"，也是令人"难堪"！

不是交情很深的人，不是喜欢听你个人往事的人，千万不要对他喋喋曲诉自己的历史，这是一件取人讨厌的弗识相的事情！等到你真正做了什么大人物，无论"自传"也好，别人替你"传"一下也好，不迟！

有时你和一位朋友好好的在那里谈天，有一个人进来不等你们的话说完，他就好像眼睛里只看见一个人似的，插进来说，似乎世界上只有他的一张嘴应享无条件的"言论自由"！这种弗识相的嘴巴应该用封条把它封起来才好！

还有弗识相的嘴巴，在人少的地方，语声震天！在人多的地方，尤其是在演台上，却只有嗡嗡之声！前者使人听了震动耳鼓，为之头痛；后者使人听了，替他着急，闷煞！

有人于弗识相的嘴巴之外，还加上一对弗识相的眼睛。俗语说："别人的夫人都是好的。"所谓弗识相的眼睛，对于别人的妇女往往不转瞬地盯着看。眼睛生在面孔上，看看原是不打紧的，不过那种恶形恶状的不转瞬地盯着看，实在弗识相！

还有我国人喝酒时候的豁拳，面赤筋胀，力竭声嘶，座上有了这样的"盛举"，只有那两位攘臂提高喉咙的人也许觉得自豪，觉得爽快，但座上的旁人就决不要想再有谈话的机会；不但同座的人，就是同一菜馆里别室的人也受此酗酒之声所扰乱，谈话的声音彼此都听不见了。这真是弗识相的举动，只知"自顾自"的行为！

昔贤所谓"己所不欲，勿施于人"，也不过是教人要识相的意思。西俗无论到了什么人的房门口，都不作兴随手静悄悄地推开门就往里跑，却先要举手敲一敲门，必俟里面有允进的招呼声音才进去，否则就是晓得有人在里面，也只得回去。这种好习惯，也无非教人要识相的意思。

做人倘能处处替别人设想，倘能常常顾到别人的方便，弗识相的事情便可以大大地减少。

西方社会所重视的"好礼貌"（Good manner），它的基本原则也不过是"顾到别人的方便"。我们能这样的对人，不但"礼貌"方面可以好起来，就是与人相处的感情方面也要好起来。这种人多了，社会上的恶习惯当然可以少些。

原载 1928 年 12 月 23 日《生活》周刊第 4 卷第 6 期。

发了一夜的财

上海每年总有许多人购买香槟票（即跑马票），希望得头彩，发横财。今年上海有刘某和他的朋友合买一张，有一天夜里将睡的时候，跑马厅里有一个向来认识他的小马夫，异常高兴地奔到他的家里告诉他一个喜信，说是他中了头彩了！中头彩的本可得到二十二万四千，他就和那位合买的朋友对分，也可分得十一万二千圆，于是他那一夜竟弄得达旦不寐！为什么呢？他想忽然得了十一万二千圆，怎么办好呢？存入银行里好呢？还是存入钱庄里好？分开来存好呢？还是一齐存在一处好？做什么生意好呢？还是先造一所洋房好？他这样瞎转了一夜的念头，虽然得了一个喜信，却先吃了一夜的苦头！还不止此！第二天早晨，他心花怒放地便往跑马厅里跑，不料调查之后，才知道他所买的号码比所开的头彩号码相差了一个数目字，那个小马夫在前一晚一时未曾听得清楚，以为先报一个喜信，将来也许有什么特赏，匆匆忙忙得很鲁莽地报了一下，弄得这位刘家仁兄好像只发了一夜的财，一文钱没有到手，所赢得的却是一夜没有睡，翻来覆去地想个不休！结果想了一场空！真是上海人所谓"触眉头"！

其实人生数十年，也未尝不可作一夜观。发了一夜的财——而且还是有名无实的财！已经如许苦忙了一夜，即发了数十年财，更要如何的苦忙！

或者有人说："你是个穷措大，乐得作此解嘲语罢了！"但是我却不是因为自己做了穷措大，有意唱高调，却是有感于一班人死命的弄钱，其下焉者更昧着良心干！一旦瞑目，究能带去多少？徒给不肖的子孙去无恶不作，遗臭当世。替一个机关做"账房先生"还说是服务社会；这样的做了一世的"账房"。反替社会多种孽因，何苦来！

我们以为昧着良心干的钱当然要不得，就是用正当方法赚到的钱，除自给相当的生活及子女的教育费外，应多为社会设想，尽自己的力量多做一些有益于人群的事情，不要情愿加入"守财奴"的队里去！不然，发了一夜的财诚然没有什么意思，就是发了几十年的财，又有什么意思？

原载 1928 年 12 月 23 日《生活》周刊第 4 卷第 6 期。

办私室

　　诸君听惯了"办公室"这一个名词，忽然看见这个题目叫作"办私室"，也许疑为写错了字，或者是指洋房里面排着浴盆和抽水马桶的那个房间；其实既不是写错了字，也不是指那个与"方便"为缘的办私房间，是指虽称"办公"而实为"办私"的地方。

　　怎么叫作"办私"？开宗明义第一章即是安插私人。只要你做了一个什么"长"，局长也好，校长也好，或只要做了什么"理"，总理也好，协理也好，总之只要你做了一个独当一面有权用人的领袖，大领也好，小领也好，便得了无上机会去实行"举不避亲"的政策！舅老爷可任会计，姑老爷可任庶务，表老爷可任科长，侄少爷可任科员……真是人才济济，古人说"忠臣孝子出于一门"，这至少也可以说是"各种饭桶出于一门"！外面的真正的专门人才虽多，其奈不是"出于一门"何！

　　常语有两句话，一句是"为人择事"，一句是"为事择人"；其实能为事择人，是要办某事而选用合于此事的人才，固然是很好的事情，就是因有了人才，寻得相当的事叫他去做，也不是什么不好的事情。所最可痛的是不管事情弄得怎样糟，只要是自己的亲戚弄得饭碗算数！

　　但是"办公室"到底是办公的地方，只有秉公办事始能令人心悦诚服，倘若硬把"办公室"一变而为"办私室"，便极容易引起暗潮，引起纠纷。有某机关的庶务先生，因为要拉一个私人做茶房，就原有的茶房里面拣出一个"弗识相"的开除掉，弄得全体"茶博士"宣布罢工，闹得乌烟瘴气！我又亲见某机关的领袖任事十余年，全取人才主义，从不用一私人，凡有什么难问题，或同事中有所争执的事情，他数言解决，众无怨言，因为大家都知道他是大公无私，全以当前的事实为评判的对象，自然使人易于谅解。这位领袖对于"办私"的机会虽不知道利用，但据他自己对我说，他因此对于"办公"方面却大为顺利。

做领袖的人要做全机关的表率，所以尤忌在办公室里"办私"。但是任何办公室，除了领袖，还有许多职员，而办公的职员也往往各办其私。西友某君有一次很诧异的问我说道："在外国银行里，各办事桌旁的办事员总是忙于办公，何以偶入中国的银行，往往看见许多人就办公桌上看报？"他这种话当然不能抹杀我国人办的许多银行，但是我们试冷眼观察，吾国办公机关里的职员，于办公时间内看了大报还看小报的人有多少？这种私而忘公的精神怎样的普遍！

听说外国国民看报的人比我国多得不知几何倍数，他们每日由家出外赴办公室的时候，往往利用在途中坐车的一些时间内把本日的报展开来看看，到了办公室便须认真的办公，他们真是笨伯！何以不知利用办公室里的办公时间来看看报呢？可见他们不及我国办事的聪明了！

我国办公事的人还有一种"办私"的好机会，就是滥用机关里的信封信笺，就在办公室里来写私人的信！

据梁实秋先生说他有一天接到一封从外国邮局寄来的信，那信封是免贴邮票的信封，在贴邮票的角上印着："如有以此信封作私用者，处以二百圆之罚金。"这种事情，在咱们的聪明办公者们看起来，未免要笑他们不懂得"办私室"的妙诀，以为公私何必分得如此分明，未免"小题大做"了！

我有一位朋友在某机关里服务，他告诉我说他有一位同事差不多天天在办公室里用机关里的信封信笺大写其情书，他虽"挨弗着"拜读那些情意缠绵的情书内容，但偶尔把眼角斜过去偷瞧偷瞧，但见满纸"吾爱"！这也可以算是在办公室里极"办私"的能事了！谁家女郎得到这样多情的如意郎君，所不堪闻问的是那间表面上号称"办公室"里的事务成绩！

我又听说外国的各种机关正在那里利用种种科学的原理来增加办公的效率，我国"办私室"的效率对于"办私"方面似尚不无成绩，也许可与讲究效率的外国并驾齐驱！我们中国社会事业所以难有进步，也许是有一部分因为这一方面的成绩太好了！太普遍了！

原载 1929 年 1 月 13 日《生活》周刊第 10 卷第 9 期。

男性之美

有某君因为相貌体态生得美，有一位女士看中了他，一定要嫁给他，虽她的家族对此君不大赞成，而这位女士却持之甚坚，结果彼此竟得订了婚。这位某君也者虽是"留学生"，家里"孔方兄"很少；而那位女士却是出身富绅之家。最近他们结婚，系由女士送给他四千圆，作结婚之用，此外嫁妆还带过来两万金。女士绮年玉貌，精音乐，尤善钢琴，是一位括括叫的时髦女学生。在他们结婚之后，有许多知道这件事情的朋友，纷纷大发议论，有的说相貌体态有什么重要，有的说相貌体态当然很重要，两派聚讼纷纭，莫衷一是。后来把题目的范围越说越广，不限于择偶，竟讲到做一个人关于相貌体态方面有何重要的意味，他们所谈，因由某君的美而引起的，所以便注重男性之美。女性之美是应该有的，这已是一般人所承认，提起男性之美，也许有人要反唇相讥，说你不预备做花旦，要谈什么男性之美？但是我以为真正可贵的男性之美，和什么花旦之美是截然不同的：前者是堂皇大方的，后者是扭扭捏捏的；前者是能引起敬爱的，后者是供人侮弄的。

外交次长朱兆莘氏有一次与人谈及外交官考试的标准，也说文字之外兼取口才仪容。有人问他"何以要论仪容？"他说"凡作外交官赴外国者，仪容至少要五官端正，否则不多见华人之外国人，疑华人皆貌丑，便失我神明华胄的颜面了。我留欧美十六年，深知此事，认为非选择仪容俊整者，不应派充外交官。"有人反诘他道："那末选录美男子好了。"他说"那也不尽然，凡仪容过于装饰者，在欧洲上流社会亦视为不足与成事业者，不过外交官关于丰采态度及谈吐均甚紧要。"细察朱君所说的话，似乎也是注重堂皇大方之美，不要扭扭捏捏之美。不然，像上海人所谓"小白脸"，个个都有做公使的资格了！

堂皇大方的美，当然和体育很有关系。西人讲究体育，所以相貌形态美的似乎多些。友人某君在美国纽约多年，据他说在那个地方和祖国的同胞一同在街上走的时候，同走的本国人如果是体格健硕，相貌体态俱佳者，陪他走的人亦觉得"与有荣焉"，精神上觉得非常愉快。反过来说，如果他是"痨病鬼"的样子，陪他走的人也觉得心里有点难为情。这种感觉，可以说是出于民族与国家的思想，因为我们和别的民族及国家中人相遇，尤其是他们的体格健而美的居多，于是心里也希望同民族同国家的人也要争争气，不要相形见绌。据说在纽约有一位中国留学生某君，因为生得面孔只有三寸宽，头颈却有半尺长，骨瘦如柴，面有菜色，有许多同国的人很怕和他同在街上走！这并不是势利，平心而论，实在有点难受！在中国街上彼此都是"自家人"，心里就不会发生什么计较，在别国的街上，便好像和自己的体面有关。

那位朋友和我这样谈着的时候，我对他说在我们交游之中，要推黄伯樵君的相貌体态最有堂皇大方的美的（可惜他近来有了糖尿病），他也以为然，并笑着说道，像黄君这样的相貌体态，应该请他多到欧美去走走，表示中国人男性之美并不"退班"。这位朋友推崇男性之美，可谓周至了。我又听一位朋友谈起银行界徐新六君也具有堂皇大方的男性之美，据说在前清他参加回国留学生考试洋翰林的时候，主考杨士琦氏一见倾心，就把女儿嫁给他，一时传为佳话。记者和徐君无一面之雅，不过照这位朋友所说，徐君倒也有多到欧美以宣扬国辉的资格。

于优生学很有研究的潘光旦君在他所著的《中国之家庭问题》里面，也把"相貌与体态"列入"婚姻选择之标准"里面去，作为标准之一。他说："形态色泽之丰润与对称，为健康之一种表示，论者谓与美观，聪慧，道德心诸端皆有联带之关系。而其共同之出发点为生理与心理之健全。江南俗称美而不慧者曰'聪明面孔笨肚肠'，盖亦以美且慧者为经验中所常见，而不慧者为例外，故特表而出之也。美观既与其他优异之品性相关，则即仅以彼为姻选之标准，大致可以无讹。美国霍布金斯大学心理学教授滕来白氏尝作《姿色与种族改造》一篇（Knight Danlap, Personal Beauty and Race Betterment），论此端最为详尽。"

照潘君这样说法，男性之美（潘君原文当然包括两性在内），不但有关乎外貌，并与聪慧及道德心诸端也有了关系。这当然是就大概而论，不是说世界上的美人一定都是好人。不过在我国从前有些学问的人便以不修边幅自高，以拖鼻涕，弹牙污，蓬发垢面，曲背鹅步为常事，如今遗风余韵，犹有存者，看看这样的新学说，不无好处！

男性之美有一部分是由于先天，有一部分也在乎体育的讲究，卫生的注意，尤其是清洁整齐。心地的纯洁与相貌也有关系，例如眼睛的精神也是美的一端。孟老先生说："胸中正，则眸子瞭焉；胸中不正，则眸子眊焉。""瞭"者，"明"也；"眊"者，"蒙蒙目不明之貌"。"明"的眼睛当然比"蒙蒙"的美。可见"美"不是专恃拼命用生发水雪花膏，以及"过于装饰"所能奏效的！

男性之美当然不过是男子的一桩好表现，我们取人和自修，当然还要顾到其他的优异品性，这一点也是记者所要郑重声明的。

原载 1929 年 3 月 3 日《生活》周刊第 4 卷第 14 期。

无若有

据说几年前某省有一位省视学某君闹了一件笑话。做省视学的人原须巡视考察本省各处的官立学校，所以这位省视学也就东奔西跑的巡视考察。他的国文很不差，英文则二十六个字母也许还念不大清楚，人各有所长，这层原不足为病；所以会闹出一件笑话者，因为他本来不懂英文而却装出十分懂得英文的样子，于是乎糟！到底怎么一回事，请让我提出来和诸位谈谈。

他有一次到一个小学校里去视察，走进一个英文课教室，那位英文教员正在那里授课。这位不懂英文的视学先生立在旁边背着手，挺着胸，睁着眼，伸着耳，严而肃之的站在那里听着。那位英文教员看见他那样神气十足的样子，以为他的英文知识一定是很高明的，提心吊胆，已经捏了一把汗，用着生平未曾使过的大劲儿拼命的教，把所有的本领都显了出来。这位视学"像煞有介事"的听了好一会儿，才大踏步的踱出教室，那位英文教员当然如释重负，才勉强的松一松呼吸。据说这位英文教员其实还不差，不过给某君的十足架子吓到那样地步，真是冤枉。

这个小学校长请到了这样一位的英文教员，原也是很费一番苦心，而且听见人说他很不差，所以平常很觉得是一件得意的事情。那天这位视学出来之后，他就欣欣然跑上去问道："你看这位英文教员怎样？"不料某君却从容的回答他道："读音不准。"这位校长听了好像冷水浇背，十分"呒趣"，等到这位视学跑到别个教室的时候，他就偷把"读音不准"的话告诉那位"蹙眉头"的英文教员，那位英文教员听了心里很不服，而且后来知道了那位视学先生的英文并不如他其先所想的那样高明，伺他视察各教室完毕走到应接室休息的时候，也跑进那里和他"瞎缠"，有意和他大讨论其 adjective，verb 的用法，某君其先还假痴假呆的唯唯诺诺，后来经不住这位英文教员的有意盘诘，弄得火上心来，板着面孔，说："你有什么大本领，一直在这里缠扰不清。"英文教员此时已到了破脸的地步，就老实地说："你刚才说我的英文不行，请你今天当面就考一考。"某君也不肯退让地说道："考就考！你把一篇东西立刻译成英文。"英文教员问译什么，视学就选定古文《桃花源记》，这位教员虽觉得有些难交卷，但在盛气之下，也只得捏着鼻子勉为其难，用了九牛二虎之力，出了全身流遍的汗，居然当场译成了交卷，不过于交卷之后，却提出一个条件，要那位视学先生当面改给他看，当面评定优劣，这一点在某君又是很尴尬的问题。但他当面当然坍不起这个台，亏他总算能够临机应变，大声嚷着道："天下有这样随便的事情！评定优劣，还要由我去召集视学会议，共同严格的评定才行……我还要叫教育厅长看看！"英文教员当然不肯，彼此噜苏了半天，到底视学的权力大些，那篇"欧化的"《桃花源记》究竟给他拿了出校。某君"凯旋"而出，拿着这篇译文，好像亡命的奔回家中，先请教友人某甲，某甲的英文原也不甚高明，听见是什么《桃花源记》，便挖苦他道："你自己懂得几个英文字？却把《桃花源记》来考起别人的英文！我却干不了！"他不得已，又去请教一位英文确实很好的友人某乙，某乙将译文仔细的看了一遍，却说全文实译得不错，大加称赞一番，弄得某君的尴尬程度更深一层！他原想设法就译文吹毛求疵，由教育厅办一件公文，把那位胆敢破坏视学尊严的英文教员申斥一番，如今无毛可吹，无疵可求，却反是一篇"译得不错"的东西，真是太为难了这位视学先生的"苊筹硕画"了！幸他总算能够临机应变，跑到教育厅去弄到一件公文，把那位英文教员"传谕嘉奖"一番。那位英文教员得到这样公文的时候，当然觉得出乎意表之外，但他想到"读音不准"的冤屈，仍不甘心，竟将和盘托出，到教育厅去控告这位省视学，后来因"官官相护"的常例，告虽告了一顿，厅里对此也就马马虎虎的了事，但某君的受窘总算"十足"，恐怕比在英文课教室时候的"神气十足"之"十足"，有过之无不及！

　　我们谈起这件笑话，不禁想起孔老夫子说过的几句话来："知之为知之，不知为不知，是知也。"（见《论语·为政》）某君所以跑入很尴尬的圈里去，不外乎是因为他"不知为知之"的毛病。曾子曾经劝人"有若无，实若虚"，就是有本领，也不必摆在面孔上，何况把"无"做成"若有"，变成"无若有"，安得不尴尬？其实世界上有那一个是全知全能的？所以我们对于不知道的事情就老实承认不知道，这正是光明磊落的态度，有什么难为情？若遮遮掩掩，无论一旦露了马脚——而且这种马脚终有露出之一日——更觉难堪，而虚伪的心境，在精神上已感觉非常痛苦。我们当以不学为耻，不必以不知为耻。孔老夫子又曾经说过"多闻阙疑"，可见就是"多闻"的博学者，也未尝没有"疑"。而且天下只有于学问毫无研究的人，既无所知，亦无所疑；否则就是专门的学者，对他所研究的专门学问，有心得，亦必有疑义。心得是他已求得的成绩，作为再进研究的基础；疑义是他向前求的引线，促他再进研究的动机。所以搭足架子，装出无所不知的人，自以为是自尊，其实是妄自菲薄，自摈于进步的大道。

原载 1929 年 5 月 5 日《生活》周刊第 4 卷第 23 期。

一只猫儿

老友某君有一位西友在中国服务好几年了，去年照例得一年假期回国休息，和他的夫人一同回去。他的夫人花颜月貌，温和婉媚，除爱她的夫婿外，还爱一只猫儿。那只猫儿丰腴伟硕，洁白如雪，双目圆睁似洋团团，也确实可爱。不过他们此次回国，东西已带得不少，这位西友夫人因信任某君，临行时要把这只猫儿暂寄他家里抚养，等她回到中国来时再来取回。某君心里觉得西人家里的一只猫儿，女主人要天天替它洗澡，要另备滋养物给它吃，维护之勤，生活之洁，我国寻常人家对于自己的"小宝宝"，相形之下，也许望尘莫及。某君自己一面这样暗想着，一面就拟回绝西友夫人的委托。但转念之间，又觉谢绝有点难为情，便随口答应了下来。

某君的家里虽是上海一个有名的世家，但从曾祖到今未分居过，当然是一个人口繁多，男女仆役嘈杂的世界，四五十人同时住在一个屋子里面，四五十人同时吃一个锅里烧的饭，在这种环境之下，就是他个人的子女也难得很周到充分的爱护生活，不要说一只小小的猫儿。所以那只猫离开女主人袢襩之后，初则因许多人的好奇作用，你拉一下，他摸一下，闹得它日无宁晷，后来许多人渐渐的厌了，便没有人去理它，有一天不知怎的从窗上跌了下去，竟一失足成了千古恨，驾归瑶池去了。某君在事后知道了，虽觉得懊恼，但事已至此，以为一只猫儿毕竟小事，与它女主人见面时多道几声歉语罢了。

今年那位西友伉俪假满回到中国，某君去见他们，西友夫人一见即问起猫儿怎样，某君只得假说已经病死了，依原定的计划道了许多歉，不料西友夫人"惊悉噩耗"之后，竟珠泪滚滚，好像打断了的一串真珠，某君觉得出乎意料之外，大发其呆。西友夫人呜咽着问他道："你为什么不于它临终时摄一张相片，让我仍可常常看看？"某君见她这样悲怆，早已慌得说不出话来，定一定神，才替自己出了一个主意，请她许他另外买一只赔偿她，她不肯要，并因此难过了好几天。猫儿活着的时候，受这样一位美人儿的温情蜜意，能否知觉，尚不可知，况在一只死猫？不过她这样一往情深，倒使不相干的旁观者为之怦然。

某君见此情景之后，大悔当初不该贸贸然地答应下来。倘若他不答应，那只猫儿一定还可以有"出洋"的好机会，就是天有不测风云，猫（原为人字）有旦夕祸福，也许不至跌死；就是跌死，也不必某君觉得无穷的抱歉。孔老夫子有个门生叫作有子，他曾经说过"信近于义，言可复也"，义者事之宜也，复者践言也，自料可以竭尽棉薄之处，固当为人谋而要忠，自量实在无以报命，则只得歉然婉谢，勿轻然诺，苟不谨之于始而虑其所终，则因循苟且之间，将不胜其懊丧悔恨。

原载 1929 年 9 月 1 日《生活》周刊第 4 卷第 40 期。

交几个患难中之朋友

老友某君的令郎是一位好学深思识见超卓的学者，最近我看见他写给他父亲的家书，里面有几句话很使我念念不忘，咀嚼起来觉得饶有余味。他说了这样的几句话："与其厚殖，不如学得一身谋生之本事，练得一身吃苦之能力与精神，及交得几个患难中之朋友。此三者总合起来，似比厚殖还稳，而道德上尚有一高下之分别焉。"其中尤以"交得几个患难中之朋友"，激动我更深切的感触。患难朋友之能使人没齿不能忘，我想有过此种经验者，类能知之，我现在不妨和诸位谈谈我自己所经历的一两件事情，藉以表现患难朋友感人之深，和一个人交得几个患难朋友之为莫大的幸事！

在下是一个苦学生出身，从中学起，一切用费，就靠自己于平日暑假以及平日课余，寻些私家教书及译著工作，勉强维持，后来进了大学，费用更大，支持更难，至今回想当时孤身奋斗的苦楚情形，有时还要对自己掉下泪来。且说我当时读完大学三年级的时候，暑假中又得一个私家教书的事情，教完了一个暑假，除开销外，仅剩下九十块钱，但应缴的半年膳宿费及购书费，至少非一百六七十圆不办（这还是十年前的事情），学校缴费的期限到了，第二天起，照章每天不缴便须罚大洋二圆，而且费未缴清照章不得上课，我在缴费期满的前一天，所有的财富只有上面所说的那九十位"袁世凯"，此外一筹莫展，所以这天下午，铺盖虽搬进了宿舍的房间里去，但只是一个人坐在房里发呆。

说也奇怪，当时竟有出乎意料之外的一位患难朋友，在当时我虽承他器重，但我们不过在一位彼此的老友（现在已做了著名的律师，在当时也是一个"穷汉"）家里叙谈过四五次。那一天我正在宿舍中孤坐发呆的时候，他凑巧去看这位老友，询知我的苦况，知道为时已迫，立刻乘了一部汽车，奔到我的房中来，询知我约缺七十块钱，就照数借给我，我当时送他出了房门，把房门关上之后，竟不知不觉的双泪涌流着哭了出来；受着他那样恳挚精神的感动，和自伤身世的情绪，交错混合，竟自己独自一人在房里哭了一顿。此外还有一位患难之交，他有一次因助我求学费用，把他夫人的首饰变换了一百二十圆借我；又有一位患难之交，在学校里同学时代，分他多下的衣服给我穿，看见我蚊帐破旧得不足以御蚊了，跑回去弄一床帐子送我用，常常还要把零用"强借"给我。这种事情，都是出于他们的自动，我不曾一次"启齿"的。我毕业后当然赶紧把债务理清，但是物质还得清，而患难之交的情谊是此生永忘不掉的。我每想起他们，就奋勉要做好人，奋勉要做一个有多少贡献于社会的好人。

古人说："得一知己，死可无恨。"一个人能得几个患难之交，真是一生莫大的幸事。此事似乎"可遇而不可求"，但想到"同声相应，同气相求"，在我们自己所能尽力者，尤在于学识品性各方面深自淬励，而后交得到好人；这种好友在我们卑微的时候易于获得，等到世人视为得意的时候，恐怕就不很容易交得到真正患难的朋友。

原载 1929 年 5 月 26 日《生活》周刊第 4 卷第 26 期。

明哲保身的遗毒

富有阅历经验的老前辈，对于出远门的子弟常叮咛训诲，说你在轮船上或火车上，如看见有窃贼或扒手正在那儿偷窃别个乘客的东西，你不但不可声张，并且要赶紧把眼睛往旁急转，装作未曾看见的样子，免他对你怀恨。这样几句很平常的寥寥"训话"，很可以表示传统观念遗下来的"明哲保身"的精神。

有了这种精神浸润充盈于大多数国民的心理，于是大多数国民便只知有身，不知有正谊公道，不知有血气心肝，不知有国，不知有民族。所以当八国联军攻破京津时，顺民旗随处高悬；当联军占据北京时，该处绅士至请联军统帅瓦德西大看其戏，优礼迎迓；当天津尚在八国联军手里，该地绅士居然歌功颂德，鼓乐喧天的恭送匾额给德国将帅。所为者何？亦不外乎明哲保身而已矣！

对外存着这种明哲保身的态度，简直只要这条狗命可得忍辱含垢活着，国家尽管受侮，民族尽管受辱，都可以淡然置之，泰然安之，因为这种人所求者只不过明哲保身而已矣！对内存着这种明哲保身的态度，贪官污吏尽管横行，武人祸国尽管内乱，做国民的却尽管袖手旁观，各人只要一时苟延残喘，什么话都不敢说，什么意见都不敢提了。发了财的舆论机关，号称民众口舌，只要极简单的做几句模棱两可不着边际不痛不痒的社论或时评，所沾沾自喜者，每年老板可有二十万三十万的赢余下腰包，以不冒风险为主旨，拆穿西洋镜，亦不过明哲保身而已矣！

全国对内对外大家受着明哲保身的遗毒，以只顾自己一条狗命的苟延残喘为唯一宗旨，于是结果如何？在内则纵任少数人之倒行逆施，斫伤国脉，兵匪遍地，民不聊生，死于天灾者动辄以数百万人计，死于兵祸者动辄以数十万人计，这种死路都是大家但求明哲保身之所赐！在外仅就近事言，济南之变，白受日人惨杀的中国国民几何人？这种死路至少也是大多数国民对内对外人人但求明哲保身所直接间接酿成的惨剧！

最近上海由中国人开的大光明戏院开演侮辱中华民族的有声电影《不怕死》，洪深先生激于义愤，当场对观众演说，该院总经理中国人高镜清先生先则嗾使其所雇西人经理加以侮辱殴打，继则传唤其所恃西捕老爷加以拘捕管押，大概高先生也是深明中国人明哲保身的心理，自信很有把握，初不料洪先生却不是一个谙于明哲保身道理的人！我并觉得我国不谙明哲保身的人太少了，所以引起上面所说的一大拖感触，以为做今日内忧外患的中国人，应该人人养成不怕死的精神，为主持正谊公道，为力争国家民族的荣誉生存，就是一死也心甘意愿。其实做今日的中国人已经生不如死，就是这样的死去，反可以救救以后未死将死的许多惨苦同胞。我们要人人铲除明哲保身的遗毒；要把自己个人的生命看得轻，所属民族的荣存看得重；否则生不如死，何贵乎生？

历史上杀身成仁慷慨赴义的志士先烈，他们心性里最缺乏的成分是明哲保身的遗毒，最充分的是不怕死的精神——为主持正谊公道，为力争国家民族的荣誉生存不惜一死的精神。我国人受明哲保身的遗毒太多了，四万万五千万国民里面具有这种不怕死的精神者能渐渐增加若干人，即中国起死回生的希望能渐渐增加若干程度。

原载 1930 年 3 月 16 日《生活》周刊第 5 卷第 14 期。

小而大的问题

我们聚餐的时候，无论是吃中菜，或是吃西菜，（上海人称为"吃大菜"，不知道"大"在什么地方！）无论我们是怎样的饕餮，吃起酱油来总不见得像喝酒喝汤的那样尽管大量的往嘴里倒，用的分量总是比别的食品少，所以就普通想起来，酱油一类的东西就是成为问题，也是一个很小的问题，但是我们如果肯睁开眼睛望望统计，便知道并不能算为小问题，而且由这个问题还可以触类旁通到中国实业的大问题上面去。

据对酱业深有研究的钟履坚君最近所宣布，外国酱油行销我国各地，市面充斥，中国酱油因而大受影响，日见衰颓；东邻日本即挟其价廉物美之改良酱油，畅销于满洲、北平、天津各市场，南方粤、桂、滇、黔诸省又为英、法酱油所浸灌，上海一埠尤为洋酱油畅销于长江流域之咽喉。尤其引起我们注意的是钟君告诉我们关于外国酱油逐年进口有增无已的统计。据海关贸易报告册及日本私人调查，自民国二年至十七年，普通酱油进口共值四百六十万零二千一百四十七两，十五年间仅普通洋酱油一项值数百万两，已不算小；若益以其他洋酱则在此十五年间，沙士鱼子酱等进口净数尚有二千一百零五万一千二百四十七两；两项共计竟值二千五百余万两之多。然进步速率犹不止此，据钟君说最近三年又已增加一倍，则三年竟有五千余万两了！喜欢用洋酱油的朋友们又谁能梦想到区区洋酱油一类的东西，吃起来不过几点几滴的用，竟在经济上替国家挖了一个这么大的窟窿——三年的短时间中耗去了五六千万两，以后更要继长增高！别的东西也许是我国所未能尽有，至于酱油，做中国人的大概总知道是中国自己有的东西，而且并不坏，不吃洋酱油更不会饿死，换句话说，洋酱油一类的食品并不是我们生存上必不可缺的东西，竟有许多身为中国人而偏生了一张外国嘴巴，眼巴巴的望着数千万元的漏卮甘心断送，这种心理真是有点不可思议！

外国人之用本国货，已成为他们的一种国民性，这是大家所知道的。我有一位朋友在邮务总局服务，据说邮务长是个英国人的时候，局内所用的东西都是要用英国货，换了一个美国人来便一起改用美国货，换了一个瑞典人来也如此，甚至连局里所用的汽车油都要特向他本国人所开的洋行去买。我以为我国人此后至少也要养成有国货可用的东西总是要用国货的习惯，否则尽管嘴里喊得震天价响，各种窟窿却越挖越大。

又据钟君所言，我国酱业一面既受洋货的压迫，一面又受非法的制裁，因为曾经盐商朦请盐务当局限制盐税较轻区域所造的酱不得运销至盐税较高区域，由此酱货运销发生特殊障碍，其实据钟君说酱及酱油所含盐分仅占百分之十五或二十，与盐无多大关系。我以为工商部对此事应加以注意，否则徒然为洋酱油特开方便之门，反使国货日渐衰落而淘汰以尽。

总之开展我国实业以裕民生不在空言，一方面为国民者当一改向来愚昧的心理，遇有非绝对需要的洋货，可省则省，凡是有本国货可以代替的东西，尤应用本国货，例如我国现在既有了国货调味品，舶来调味品便可绝对的不用，既有了国货火柴，买火柴时不妨张开眼睛看清楚，不必再买舶来品，诸如此类，不胜枚举；一方面政府尤须设法保障，勿使国货苦于桎梏，外货反受优待。此与中国实业殊有密切的关系，固不仅酱业一事为然而已。

原载 1930 年 5 月 25 日《生活》周刊第 5 卷第 24 期。

倾轧中伤

孟老夫子曾说："为政者每人而悦之，日亦不足矣。"其实不但为政，凡事皆然；而且负责愈专努力愈勇者，"每人而悦之"亦愈难。试用冷静的眼光分析社会的心理，其中具有热肠侠义，见善如己出，但知鼓励辅赞之不暇者，虽不乏其人，然亦有自己懒走，最好别人也不要走；自己走得慢，最好别人走得更慢；自己干不好，最好别人干得更不好。否则眼见你的事业有法维持，甚至有法发展，往往妒火中烧，非立刻看见你摧残消灭，心中实在不甘！他们并不想要自己的事业能维持，能发展，全靠自己努力，决不是靠着中伤别人而能达到维持自己发展自己事业的目的。

在这种倾轧中伤的空气之下，倘若自己没有坚定的主意，镇定的精神，往往易为外物所震撼，甚至非气死不可，至少也使你心灰意冷，一事不能办。曾涤生曾说："大抵任事之人，断不能有誉而无毁，有恩而无怨，自修者但求大闲不逾，不可因讥议而馁沉毅之气"；又说"我辈办事，成败听之于天，毁誉听之于人，惟在己之规模气象，则我有可以自主者，亦曰不随众人之喜怒为喜怒耳"。每诵昔贤困心横虑之经历语，未尝不为之神往。

原载 1931 年 3 月 28 日《生活》周刊第 6 卷第 14 期。

论领袖欲

常闻时论劝人勿存领袖欲，但实际上，无论信仰何种主义，无论何种事业，总不免有领袖，且记者以为所谓总不免有领袖，不但在事实上的情形如此，且为事业之发展计，亦应如此，因为我们心目中对于领袖的认识，不是把他个人的地位和别人所处的地位看得有何贵贱高下之分，不过是他所负的责任特别重，他的工作特别重要，也许特别繁苦，他所应具的才识、学问、经验、人格、魄力、眼光等等，要比别人特别的严格，然后才能负得起他的重大责任，干得下他的繁苦工作。所以记者不主张无条件地蔑视领袖，作一概抹煞之论，但也不愿无条件地提倡领袖欲，我所要提出的要点是：我们欢迎坚苦卓绝，为群众谋福利而牺牲自我的领袖；我们要打倒养尊处优，自私自利，剥削群众利益而自供个人享用的领袖。前者的领袖不怕要做者多，愈多则群众的福利愈有进步；后者的领袖惟求其少，不少则群众的福利愈被摧残。

前一种的坚苦卓绝的领袖，其实例之突现于我们脑际者莫过于甘地。甘地是世界上伟大领袖之一，这是任何人所承认的，但是讲到他个人的享用，实极人生的艰苦。他所吃的就是一些水果和羊乳，他所穿的就是包裹着的一块土布，他所住的就是一所茅屋，他个人所享用之简单，为从来领袖所仅见。这种坚苦卓绝的领袖人物，姑无论其积极工作之有益于印度群众者如何，但多一个这种只知为人不知为己，生活如此简单的领袖，对于社会的消费方面，尤其是民穷财尽切忌"大人物"剥削自肥的国家里面，有减无增，有益于群而无损于众，是极明显而无待说明的当前事实。这样的领袖欲尽管高，尽管广播而影从，对于群众的福利是绝对有利而无害的，可以断言。所以我们主张欢迎，不患其多，而患其少。

但常人对于领袖的认识，以为做了领袖便可享到特殊的权利，妻妾满前，腰缠万贯，东一个别墅，西一所新邸，人民尽管水深火热，呼吁无门，而所谓要人贵人者，骄奢淫佚，挥金如土。此种自居领袖而实为群众之蟊贼，万恶之代表。他们不但自身享此非分之福，更大发挥其宗法社会的遗毒，使内亲外戚，盘踞要津，其各个的个人享用，骄奢淫佚，挥金如土，一如其所倚攀的罪魁。所谓领袖者，对于个人私欲兽欲方面既有如此尽量满足的机会；而狐群狗党只须靠了这样所谓领袖，在他们各个私欲兽欲方面亦有如此尽量满足的机会：于是在个人固大炽其领袖欲，在倚赖此个人以达其各自目的者，亦拥护此领袖之不暇。这种贪如狼，狠如虎，卑鄙龌龊无以名状的领袖们横行逍遥于光天化日之下，无辜的群众乃如水之益深，火之益热，无怪闻领袖之名而痛心，见领袖之多而却步。在这种变态之下，劝人勿存领袖欲，为苦百姓多留一线生机，我们不得不与以十分的同情，因为这种自私自利的领袖是我们所要打倒的，何得再让他蔓延滋长起来？

我们要奉劝现在以领袖自居的要人贵人们，你们尽管嘴巴上喊着那末多好名词，说得天花乱坠，且慢吹，请你们先把自己平日穷奢极欲的享用，以及尊亲贵戚平日穷奢极欲的享用和一般平民比一比！

原载 1931 年 8 月 22 日《生活》周刊第 6 卷第 35 期。

一幕悲喜剧

在我再续谈《生活》周刊的事情以前，其中有两件事可以先谈一谈。第一件是关于我的婚姻，第二件是我加入时事新报馆。

第一件虽是关于个人的私事，但是也脱不了当时的社会思潮的背景。大家都知道，接着"五四"运动以后的动向，打倒"吃人的礼教"，也是其中的一个支流，男女青年对于婚姻的自由权都提出大胆的要求，各人都把理想的社会和理想的家庭混做一谈，甚至相信理想的社会必须开始于理想的家庭！我在当时也是这许多青年里面的一分子，也受到了相类的影响，于是我的婚姻问题也随着发生过一次的波澜。

我的父亲和我的岳父在前清末季同在福建省的政界里混着，他们因自己的友谊深厚，便把儿女结成了"秦晋之好"，那时我虽在学校时代，"五四"运动的前奏还未开幕，对于这件事只有着糊里糊涂的态度。后来经过"五四"的洗礼后，对这件事才提出抗议。

我的未婚妻叶女士是一位十足的"诗礼之家"的"闺女"，吟诗读礼，工于针黹，但却未进过学校。这虽不是没有教育的女子，但在当时的心理，没有进过学校已经是第一个不满意的事实，况且从来未见过面，未谈过话，全由"父母之命"而成的婚约，那又是第二个不满意的事实。但是经我提出抗议之后，完全和"五四"运动的洗礼毫不相干的两方家长固然大不答应，就是我的未婚妻也秉着"诗礼之家"的训诲，表示情愿为着我而终身不嫁。于是这件事便成了僵局。但是因为我的求学费用，全由我自己设法维持，家里在经济上无从加我以制裁，无法干涉我的行动。在两方不相下的形势里面，这件事便搁了起来。直到我离开学校加入职业界以后，这件事还是搁着。但是我每想到有个女子为着我而终身不嫁，于心似乎有些不忍，又想她只是个时代的牺牲者，我再坚持僵局，徒然增加她的牺牲而已，因此虽坚持了几年，终于自动地收回了我的抗议。

我任事两三年后，还清了求学时的债务，多下了几百块钱，便完全为着自己的结婚，用得精光。我所堪以自慰的是我的婚事的费用完全由自己担任，没有给任何方面以丝毫的牵累。家属不必说，就是亲友们，我也不收一文的礼。婚礼用的是茶点，这原也很平常，不过想起当时的"维新"心理，却也有可笑处。行礼的时候新郎要演说，那随他去演说好了，又要勉强新娘也须演说；这在她却是个难题，但是因为迁就我，也只得勉强说几句话；这几句话的临时敷衍，却在事前给她以好几天的心事。这也罢了，又要勉强岳父也须演说。这在男子原不是一个很难的题目，可是因为我的岳父是百分的老实人，生平就未曾演说过，他自问实在没有在数百人面前开口说话的勇气，但是也因为要迁就我，也只得勉强说几句话。他在行礼前的几天，就每天手上拿着一张纸，上面写着几十个字的短无可短的演说词，在房里踱着方步朗诵着，好像小学生似的"实习"了好几天。可是在行礼那天，他立起来的时候，已忘记得干干净净，勉强说了三两句答谢的话就坐了下来！我现在谈起当时的这段情形，不但丝毫不敢怪我的岳父，而且很怪我自己。他老人家为着他的自命"维新"的女婿的苛求，简直是"鞠躬尽瘁"地迁就我。我现在想来，真不得不谢谢他的盛情厚意，至少是推他爱女的心理而宽容了我。我现在想来，当时不该把这样的难题给他和他的女儿做。

结婚后，我的妻待我非常的厚。她的天性本为非常笃厚，尤其是对于她的母亲。我们结婚不到两年，她便以伤寒症去世了。她死了之后，我才更深刻地感到她的待我的厚，每一想起她，就泪如泉涌地痛哭着。她死后的那几个月，我简直是发了狂，独自一人跑到她的停枢处，在灵前对她哭诉！我生平不知道什么叫作鬼，但是在那时候——在情感那样激动的时候——并无暇加以理解，竟那样发疯似的常常跑到她的灵前哭着诉着。我知道她活的时候是异常重视我的，但是经我屡次的哭诉，固然得不到什么回答，即在夜里也没有给我什么梦。——老实说，我在那时候，实在希望她能在梦里来和我谈谈，告诉我她的近况！这种发疯的情形，实在是被她待我过厚所感动而出于无法自禁的。我在那个时候的生活，简直完全沉浸于情感的激动中，几于完全失去了理性的控制。

原载 1937 年 4 月上海生活书店《经历》。

本店的事业与新年

小孩子最喜欢过新年，因为到了新年的时候，孩子们有新的衣服穿，有新的东西吃，有新的把戏看：——这种种的"新"都吸引着孩子们的快乐无比的新精神。一年一度的新年，原来不过是时间计算上的一个段落，没有多大了不得的意义，在孩子们所以觉得津津有味，精神焕发，是因为新年能给他们所喜欢的不少新的东西。

我们这些成年人遇到新年，虽不像孩子们那样贪吃好玩，但是也有着特殊的感觉；我们这一群是共同努力于中国的前进的文化事业，我们的特殊感觉，除个人的以外，还有共同的，那就是对于我们共同努力的事业，在这新年中，也应该有着特殊的感觉。这特殊的感觉不只是同人们辛苦了一年，（当然不止一年，这只是指去年过了新年以后的一年）在这新年中要欢欢喜喜地多喝一杯酒，多吃几块肉，却是怎样使我们的事业在这新年中踏上更健全的道路，使我们的事业获得一个很好的开头，在来年中，对于中国的文化有更进一步的贡献。

我们希望在来年中对于中国的文化有更进一步的贡献，首先要注意的是要先健全我们这个集团。关于这一点，有三个因素特别重要：第一是资金，第二是计划，第三是干部。我不是说这三个因素我们在以前都没有，但虽有而都不够。本店是靠"自力更生"起家的，原来就没有巨量的资金给我们运用，全靠大家省吃省用，用自己的共同努力"挤"出来的一些资金来应付。抗战爆发后，因应抗战文化的急迫需要而在短时期内建立了许多据点，增设了许多分店，于是资金不够就成为一个严重的问题。为了这个缺点，调度财政的负责同事及主持造货的负责同事，任劳任怨，一言难尽。在别的商业公司，既经发达之后，招收新股以扩充资金，原不是一件很困难的事情。但是本店在合作精神上有它的特点，在保全这个特点之下扩充资金，是很费周折的。这件事不是不在焦思苦虑地想办法，因为有上述的困难，所以未能速成。现在我可以负责告慰同人的，是扩充资金已有相当解决的办法，这项借用的资金仍须计息按期归还，仍须很勤俭地按着新的生产计划运用，但不致像以前那样的虽欲苦过而不可得的情况，是可以好得多了。

现在留下尚待努力的是计划和干部的充实问题。关于编审及营业方面，去年原也有相当的计划，但是远不够周密，我们应该根据对于已往的检讨，保留原有的优点，补救所有的缺点，起草新的计划。现在各部门的负责人，已在努力准备这件事。同人中对于这两方面如有卓见，务请不要装在肚子里，要尽量贡献出来。

仅有计划，不能自行，不能执行的计划，等于没有计划，所以干部的充实问题非常重要。本店向来最大的特色之一是有着一群得力的干部，外面的朋友谈起生活书店，总要敬羡生活书店的一群英俊有为的得力干部。这是使我们最感到快慰的一件事。但是我们不可以此自满，我们对于干部的充实还须切切实实下一番苦工。本店事业在较短时期中有着迅速的发展，因此同事的数量突然增加。新加入的同事对于我们共同努力的事业都有着忠诚热忱，固然是事实，但是我们应该怎样用教育方法增进同人对于文化事业有更深刻的认识，对于本店的奋斗历史及服务精神有更深刻的了解，对于工作技术有更速的进步，这是有待于我们更大努力者一。即就老同事说，抗战期间交通的困难，经济的困难，干部不够分配的困难，散处各地没有机会时常见面的同事，不免有多少隔膜，甚至因此引起在某些地方同处共事的同事，因领导机构的未能直接解释。不免有多少误会而引起不必要的小小纠纷。这种情形虽不严重，有好些地方一经努力解释纠正，就风消云散，涣然冰释。但是我们应怎样用沟通方法加强同事的彼此间的了解，增进同事的彼此间的友爱，这是有待于我们更大努力者二。对于干部的工作不但应分配得当，而且还要根据计划加以经常的视察与鼓励，帮助解决在执行过程中所发生的困难，在计划结束时应根据检讨，分别奖励，由此增加工作的效率，这是有待于我们更大努力者三。此外干部在生活上有何困难，应提出研究，以最大努力帮同解决。爱护干部就是爱护事业，关于这一点，各级负责人尤其应该时时加以深切的注意。

纸短意长，不尽欲言，但竭诚预祝诸位同人：健康、愉快！为文化事业珍重努力！

原载 1939 年 12 月 30 日重庆《店务通讯》第 80 号。

我的母亲

　　说起我的母亲，我只知道她是"浙江海宁查氏"，至今不知道她有什么名字！这件小事也可表示今昔时代的不同。现在的女子未出嫁的固然很"勇敢"地公开着她的名字，就是出嫁了的，也一样地公开着她的名字。不久以前，出嫁后的女子还大多数要在自己的姓上面加上丈夫的姓；通常人们的姓名只有三个字，嫁后女子的姓名往往有四个字。在我年幼的时候，知道担任商务印书馆出版的《妇女杂志》笔政的朱胡彬夏，在当时算是有革命性的"前进的"女子了，她反抗了家里替她订的旧式婚姻，以致她的顽固的叔父宣言要用手枪打死她，但是她却仍在"胡"字上面加着一个"朱"字！近来的女子就有很多在嫁后仍只由自己的姓名，不加不减。这意义表示女子渐渐地有着她们自己的独立的地位，不是属于任何人所有的了。但是在我的母亲的时代，不但不能学"朱胡彬夏"的用法，简直根本就好像没有名字！我说"好像"，因为那时的女子也未尝没有名字，但在实际上似乎就用不着。像我的母亲，我听见她的娘家的人们叫她做"十六小姐"，男家大家族里的人们叫她做"十四少奶"，后来我的父亲做了官，人们便叫她做"太太"，她始终没有用她自己名字的机会！我觉得这种情形也可以暗示妇女在封建社会里所处的地位。

　　我的母亲在我十三岁的时候就去世了。我生的那一年是在九月里生的，她死的那一年是在五月里死的，所以我们母子两人在实际上相聚的时候只有十一年零九个月。我在这篇文里对于母亲的零星追忆，只是这十一年里的前尘影事。

我现在所能记得的最初对于母亲的印象，大约在两三岁的时候。我记得有一天夜里，我独自一人睡在床上，由梦里醒来，朦胧中睁开眼睛，模糊中看见由垂着的帐门射进来的微微的灯光。在这微微的灯光里瞥见一个青年妇人拉开帐门，微笑着把我抱起来。她嘴里叫我什么，并对我说了什么，现在都记不清了，只记得她把我负在她的背上，跑到一个灯光灿烂人影憧憧往来的大客厅里，走来走去"巡阅"着。大概是元宵吧，这大客厅里除有不少成人谈笑着外，有二三十个孩童提着各色各样的纸灯，里面燃着蜡烛，三五成群地跑着玩。我此时伏在母亲的背上，半醒半睡似的微张着眼看这个，望那个。那时我的父亲还在和祖父同住，过着"少爷"的生活；父亲有十来个弟兄，有好几个都结了婚，所以这大家族里有着这么多的孩子。母亲也做了这大家族里的一分子。她十五岁就出嫁，十六岁那年养我，这个时候才十七八岁。我由现在追想当时伏在她的背上睡眼惺忪所见着的她的容态，还感觉到她的活泼的欢悦的柔和的青春的美。我生平所见过的女子，我的母亲是最美的一个，就是当时伏在母亲背上的我，也能觉到在那个大客厅里许多妇女里面，没有一个及得到母亲的可爱。我现在想来，大概在我睡在房里的时候，母亲看见许多孩子玩灯热闹，便想起了我，也许蹑手蹑脚到我床前看了好几次，见我醒了，便负我出去一饱眼福。这是我对母亲最初的感觉，虽则在当时的幼稚脑袋里当然不知道什么叫作母爱。

后来祖父年老告退，父亲自己带着家眷在福州做候补官。我当时大概有了五六岁，比我小两岁的二弟已生了。家里除父亲母亲和这个小弟弟外，只有母亲由娘家带来的一个青年女仆，名叫妹仔。"做官"似乎怪好听，但是当时父亲赤手空拳出来做官，家里一贫如洗。我还记得，父亲一天到晚不在家里，大概是到"官场"里"应酬"去了，家里没有米下锅；妹仔替我们到附近施米给穷人的一个大庙里去领"仓米"，要先在庙前人山人海里面拥挤着领到竹签，然后拿着竹签再从挤得水泄不通的人群中，带着粗布袋挤到里面去领米；母亲在家里横抱着哭泣着的二弟蹀来蹀去，我在旁坐在一只小椅上呆呆地望着母亲，当时不知道这就是穷的景象，只诧异着母亲的脸何以那样苍白，她那样静寂无语地好像有着满腔无处诉的心事。妹仔和母亲非常亲热，她们竟好像母女，共患难，直到母亲病得将死的时候，她还是不肯离开她，把孝女自居，寝食俱废地照顾着母亲。

母亲喜欢看小说，那些旧小说，她常常把所看的内容讲给妹仔听。她讲得娓娓动听，妹仔听着忽而笑容满面，忽而愁眉双锁。章回的长篇小说一下讲不完，妹仔就很不耐地等着母亲再看下去，看后再讲给她听。往往讲到孤女患难，或义妇含冤的凄惨的情形，她两人便都热泪盈眶，泪珠尽往颊上涌流着。那时的我立在旁边瞧着，莫名其妙，心里不明白她们为什么那样无缘无故地挥泪痛哭一顿，和在上面看到穷的景象一样地不明白其所以然。现在想来，才感觉到母亲的情感的丰富，并觉得她的讲故事能那样地感动着妹仔。如果母亲生在现在，有机会把自己造成一个教员，必可成为一个循循善诱的良师。

我六岁的时候，由父亲自己为我"发蒙"，读的是《三字经》，第一天上的课是"人之初，性本善；性相近，习相远"。

一点儿莫名其妙！一个人坐在一个小客厅的炕床上"朗诵"了半天，苦不堪言！母亲觉得非请一位"西席"老夫子，总教不好，所以家里虽一贫如洗，情愿节衣缩食，把省下的钱请一位老夫子。说来可笑，第一个请来的这位老夫子，每月束脩只须四块大洋（当然供膳宿），虽则这四块大洋，在母亲已是一件很费筹措的事情。我到十岁的时候，读的是"孟子见梁惠王"，教师的每月束脩已加到十二元，算增加了三倍。到年底的时候，父亲要"清算"我平日的功课，在夜里亲自听我背书，很严厉，桌上放着一根两指阔的竹板。我的背向着他立着背书，背不出的时候，他提一个字，就叫我回转身来把手掌展放在桌上，他拿起这根竹板很重地打下来。我吃了这一下苦头，痛是血肉的身体所无法避免的感觉，当然失声地哭了，但是还要忍住哭，回过身去再背。不幸又有一处中断，背不下去，经他再提一字，再打一下。呜呜咽咽地背着那位前世冤家的"见梁惠王"的"孟子"！我自己呜咽着背，同时听得见坐在旁边缝着的母亲也唏唏嘘嘘地泪如泉涌地哭着。我心里知道她见我被打，她也觉得好像刺心的痛苦，和我表着十二分的同情，但她却时时从呜咽着的断断续续的声音里勉强说着"打得好！"她的饮泣吞声，为的是爱她的儿子；勉强硬着头皮说声"打得好"，为的是希望她的儿子上进。由现在看来，这样的教育方法真是野蛮之至！但于我不敢怪我的母亲，因为那个时候就只有这样野蛮的教育法；如今想起母亲见我被打，陪着我一同哭，那样的母爱，仍然使我感念着我的慈爱的母亲。背完了半本"梁惠王"，右手掌打得发肿有半寸高，偷向灯光中一照，通亮，好像满肚子装着已成熟的丝的蚕身一样。母亲含着泪抱我上床，轻轻把被窝盖上，向我额上吻了几吻。

当我八岁的时候，二弟六岁，还有一个妹妹三岁。三个人的衣服鞋袜，没有一件不是母亲自己做的。她还时常收到一些外面的女红来做，所以很忙。我在七八岁时，看见母亲那样辛苦，心里已知道感觉不安。记得有一个夏天的深夜，我忽然从睡梦中醒了起来，因为我的床背就紧接着母亲的床背，所以从帐里望得见母亲独自一人在灯下做鞋底，我心里又想起母亲的劳苦，辗转反侧睡不着，很想起来陪陪母亲。但是小孩子深夜不好好的睡，是要受到大人的责备的，就说是要起来陪陪母亲，一定也要被申斥几句，万不会被准许的（这至少是当时我的心理），于是想出一个借口来试试看，便叫声母亲，说太热睡不着，要起来坐一会儿。出乎我意料之外的，母亲居然许我起来坐在她的身边。我眼巴巴地望着她额上的汗珠往下流，手上一针不停地做着布鞋——做给我穿的。这时万籁俱寂，只听到滴嗒的钟声，和可以微闻得到的母亲的呼吸。我心里暗自想念着，为着我要穿鞋，累母亲深夜工作不休，心上感到说不出的歉疚，又感到坐着陪陪母亲，似乎可以减轻些心里的不安成分。当时一肚子里充满着这些心事，却不敢对母亲说出一句。才坐了一会儿，又被母亲赶上床去睡觉，她说小孩子不好好的睡，起来干什么！现在我的母亲不在了，她始终不知道她这个小儿子心里有过这样的一段不敢说出的心理状态。

母亲死的时候才二十九岁，留下了三男三女。在临终的那一夜，她神志非常清楚，忍泪叫着一个一个子女嘱咐一番。她临去最舍不得的就是她这一群的子女。

我的母亲只是一个平凡的母亲，但是我觉得她的可爱的性格，她的努力的精神，她的能干的才具，都埋没在封建社会的一个家族里，都葬送在没有什么意义的事务上，否则她一定可以成为社会上一个更有贡献的分子。我也觉得，像我的母亲这样被埋没葬送掉的女子不知有多少！

　　　　　　　　　　一九三六年一月十日，深夜。

工程师的幻想

我的父亲所以把我送进南洋公学附属小学，因为他希望我将来能做一个工程师。当时的南洋公学是国内数一数二的工程学校，由附属小学毕业可直接升中院（即附属中学），中院毕业可直接上院（即大学），所以一跨进了附属小学，就好像是在准备做工程师了。我在那个时候，不知道工程师究竟有多大贡献，模模糊糊的观念只是以为工程师能造铁路，在铁路上做了工程师，每月有着一千或八百元的丰富的薪俸，父亲既叫我准备做工程师，我也就冒冒失失地准备做工程师。其实讲到我的天性，实在不配做工程师。要做工程师，至少对于算学、物理一类的科目能感到浓厚的兴趣和特殊的机敏。我在这方面的缺憾，看到我的弟弟在这方面的特长，更为显著。我们年纪很小还在私塾的时候，所好便不同。当时我们请了一位老夫子在家里教着"诗云子曰"，并没有什么算学的功课，但是我的弟弟看见家里用的厨子记帐的时候打着算盘，就感觉到深刻的兴趣，立刻去买了一本《珠算歌诀》，独自一人学起什么"九归"来了。我看了一点不感觉兴味，连袖手旁观都不干。我只有趣味于看《纲鉴》，读史论。后来进了小学，最怕的科目便是算学。当时教算学的是吴叔厓先生。他的资格很老，做了十几年的算学教员，用的课本就是他自己编的。我看他真是熟透了，课本里的每题答数大概他都背得出来！他上课的时候，在黑板上写着一个题目，或在书上指定一个题目，大家就立刻在自己桌上所放着的那块小石板上，用石笔的的答答地算着。不一会儿，他老先生手上拿着一个记分数的小簿子，走过一个一个的桌旁，看见你的石板上的答数是对的，他在小簿上记一个记号；看见你的石板上的答数不对，他在小簿上另记一个记号。我愈是着急，他跑到我的桌旁似乎也愈快！我的答数对的少而错的多，那是不消说的。如我存心撒撒烂污，那也可以处之泰然，但是我却很认真，所以心里格外地难过，每遇着上算学课，简直是好像上断头台！当时如有什么职业指导的先生，我这样的情形，一定可供给他一种研究的材料，至少可以劝我不必准备做什么工程师了。但是当时没有人顾问到这件事情，我自己也在糊里糊涂中过日子。小学毕业的时候，我的算学考得不好，但是总平均仍算是最多，在名次上仍占着便宜。刚升到中院后，师友们都把我当作成绩优异的学生，只有我自己知道在实际上是不行的。

但是大家既把我误看作成绩优异的学生，我为着虚荣心所推动，也就勉为其难，拼命用功，什么代数哪、几何哪，我都勉强地学习，考的成绩居然很好，大考的结果仍侥幸得到最前的名次；但是我心里对这些课目，实在感觉不到一点兴趣。这时候我的弟弟也在同一学校里求学，我们住在一个房间里。我看他做算学问题的时候，无论怎样难的题目，在几分钟内就很顺手地得到正确的答数；我总是想了好些时候才勉强得到，心里有着说不出的烦闷。我把这些题目勉强做好之后，便赶紧把课本搁在一边，希望和它永别，留出时间来看我自己所要看的书。这样看来，一个人在学校里表面上的成绩，以及较高的名次，都是靠不住的，唯一的要点是你对于你所学的是否心里真正觉得很喜欢，是否真有浓厚的兴趣和特殊的机敏；这只有你自己知道，旁人总是隔膜的。

我进了中院以后，仍常常在夜里跑到附属小学沈永癙先生那里去请教。他的书橱里有着全份的《新民丛报》，我几本几本的借出来看，简直看入了迷。我始终觉得梁任公先生一生最有吸引力的文章要算是这个时代的了。他的文章的激昂慷慨，淋漓痛快，对于当前政治的深刻的评判，对于当前实际问题的明锐的建议，在他的那支带着情感的笔端奔腾澎湃着，往往令人非终篇不能释卷。我所苦的是在夜里不得不自修校课，尤其讨厌的是做算学题目；我一面埋头苦算，一面我的心却常常要转到新借来放在桌旁的那几本《新民丛报》！夜里十点钟照章要熄灯睡觉，我偷点着洋蜡烛躲在帐里偷看，往往看到两三点钟才勉强吹熄烛光睡去。睡后还做梦看见意大利三杰和罗兰夫人（这些都是梁任公在《新民丛报》里所发表的有声有色的传记）！这样准备做工程师，当然是很少希望的了！

原载 1936 年 11 月 1 日上海《生活星期刊》第 1 卷第 22 号。

青年 "老学究"

　　我真料想不到居然做了几个月的 "老学究"！这在当时的我当然是不愿意做的。一般青年的心理也许都和我一样吧，喜走直线，不喜走曲线，要求学就一直入校求下去，不愿当中有着间断。这心理当然不能算坏；如果有走直线的可能，直线当然比曲线来得经济——至少在时间方面。但是我们所处的实际环境并不是乌托邦，有的时候要应付现实，不许你走直线，也只有走曲线。我当时因为不能继续入校，心理上的确发生了非常烦闷悒郁的情绪；去做几个月的 "老学究"，确是满不高兴、无可奈何的。不过从现在想来，如有着相当的计划，鼓着勇气往前走，不要自馁，不要中途自暴自弃，走曲线并不就是失败，在心境上用不着怎样难过；这一点，我很诚恳地提出来，贡献于也许不得不走着曲线的青年朋友们。拿破仑说 "胜利在最后的五分钟"，这句话越想越有深刻的意味，因为真正的胜利要看最后的分晓，在过程中的曲折是不能即作为定案的。我们所要注意的是要做继续不断的努力，有着百折不回的精神向前进。

　　我当时在最初虽不免有着烦闷悒郁的情绪，但是打定了主意之后，倒也没有什么，按着已定的计划向前干去就是了。

　　我的那位东家葛老先生亲自来上海把我迎去。由上海往宜兴县的蜀山镇，要坐一段火车，再乘小火轮，他都一路很殷勤地陪伴着我。蜀山是一个小村镇,葛家是那个村镇里的大户,他由码头陪我走到家里的时候,在街道上不断地受着路上行人的点头问安的敬礼,他也忙着答谢,这情形是我们在城市里所不易见到的,倒很引起我的兴趣。大概这个村镇里请到了一个青年"老学究"是家家户户所知道的。这个村镇里没有邮政局,只有一家杂货铺兼作邮政代理处,我到了之后,简直使它特别忙了起来。

我们住的虽是乡村的平屋,但是我们的书房却颇为像样。这书房是个隔墙小花厅,由一个大天井旁边的小门进去,厅前还有个小天井,走过天井是一个小房间,那便是"老夫子"的卧室。地上是砖地,窗是纸窗,夜里点的是煤油灯。终日所见的,除老东家偶然进来探问外,只是三个小学生和一个癞痢头的小工役。三个小学生的年龄都不过十一二岁,有一个很聪明,一个稍次,一个是聋子,最笨;但是他们的性情都很诚挚笃厚得可爱,每看到他们的天真,便使我感觉到愉快。所以我虽像入山隐居,但有机会和这些天真的儿童朝夕相对,倒不觉得怎样烦闷。出了大门便是碧绿的田野,相距不远的地方有个山墩。我每日下午五点钟放课后,便独自一个在田陌中乱跑,跑到山墩上瞭望一番。这种赏心悦目的自然界的享受,也是在城市里所不易得到的,即比之到公园去走走,并无逊色。有的时候,我还带着这几位小学生一同出去玩玩。

在功课方面,这个青年"老学究"大有包办的嫌疑!他要讲解《论语》《孟子》,要讲历史和地理,要教短篇论说,要教英文,要教算学,要教书法,要出题目改文章。《论语》《孟子》不是我选定的,是他们已经读过,老东家要我替他们讲解的。那个聋学生只能读读比较简单的教科书,不能作文。夜里还有夜课,读到九点钟才休息。这样的儿童，我本来不赞成有什么夜课，但是做"老夫子"是不无困难的，如反对东家的建议，大有偷懒的嫌疑，只得在夜里采用马虎主义，让他们随便看看书，有时和他们随便谈谈，并不认真。

我自己是吃过私塾苦头的，知道私塾偏重记忆（例如背诵）而忽略理解的流弊，所以我自己做"老学究"的时候，便反其道而行之，特重理解力的训练，对于背诵并不注重。结果，除了那位聋学生没有多大进步外，其余的两个小学生，都有着很大的进步。最显著的表现，为他们的老祖父所看得出的，是他们每天做一篇的短篇论说。

我很惭愧地未曾受过师范教育，所以对于怎样教小学生，只得"独出心裁"来瞎干一阵。例如作文，每出一个题目，必先顾到学生们所已吸收的知识和所能运用的字汇，并且就题旨先和他们略为讨论一下。这样，他们在落笔的时候，便已有着"成竹在胸""左右逢源"的形势。修改后的卷子，和他们讲解一遍之后，还叫他们抄一遍，使他们对于修改的地方不但知其所以然，并且有较深的印象。

原载 1937 年 4 月上海生活书店《经历》。

深挚的友谊

　　跨进了约翰之后，课程上的烦闷消除了，而经济上的苦窘还是继续着。辛辛苦苦做了几个月的青年"老学究"所获得的经费，一个学期就用得精光了，虽则是栗栗危惧地使用着。约翰是贵族化的学校，富家子弟是很多的。到了星期六，一辆辆的汽车排在校前好像长蛇阵似地来迎接"少爷们"回府，我穿着那样寒酸气十足的衣服跑出门口，连黄包车都不敢坐的一个穷小子，望望这样景象，觉得自己在这个学校简直是个"化外"的人物！但是我并不自馁，因为我打定了"走曲线"的求学办法。

　　但是我却不得不承认，关于经济方面的应付，无论怎样极力"节流"，总不能一文不花；换句话说，总不能一点"开源"都没有。这却不是完全可由自己作主的了！在南洋附属小学就做同学的老友郁锡范先生，那时已入职业界做事；我实在没有办法的时候，往往到他那里去五块十块钱的借用一下，等想到法子的时候再还。他的经济力并不怎样充分，但是隔几时暂借五块十块钱还觉可能；尤其是他待我的好，信我的深，使我每次借款的时候并不感觉到有着丝毫的难堪或不痛快的情绪，否则我虽穷得没有办法，也是不肯随便向人开口的。在我苦学的时候，郁先生实在可算是我的"鲍叔"。最使我感动的是有一次我的学费不够，他手边也刚巧在周转不灵，竟由他商得他的夫人的同意，把她的首饰都典当了来助我。但是他对于我的信任心虽始终不变，我自己却也很小心，非至万不得已时也绝对不向他开口借钱；第一次的借款未还，绝对不随便向他商量第二次的借款。一则他固然也没有许多款可借；二则如果过于麻烦，任何热心的朋友也难免于要皱眉的。

我因为要极力"节流"，虽不致衣不蔽体，但是往往衣服破烂了，便无力置备新的；别人棉衣上身，我还穿着夹衣。蚊帐破得东一个洞，西一个洞，蚊虫乘机来袭，常在我的脸部留下不少的成绩。这时注意到我的情形的却另有一位好友刘威阁先生。他是在约翰和我同级的，我刚入约翰做新生的时候，第一次和他见面，我们便成了莫逆交。他有一天由家里回到学校，手里抱着一大包的衣物，一团高兴地跑进了我的卧室，打开来一看，原来是一件棉袍，一顶纱帐！我还婉谢着，但是他一定要我留下来用。他那种特别爱护我的深情厚谊，实在是使我一生不能忘的。那时他虽已结了婚，还是和大家族同居的，他的夫人每月向例可分到大家族津贴的零用费十块钱；有一次他的夫人回苏州娘家去了一个月，他就硬把那十块钱给我用。我觉得这十块钱所含蓄的情义，是几十万几百万的巨款所含蓄不了的。

我国有句俗话，叫作"救急不救穷"，就个人的能力说，确是经验之谈。因为救急是偶然的、临时的；救穷却是长时期的。我所得到的深挚的友谊和热诚的赞助，已是很难得的了，但是经常方面还需要有相当的办法。我于是开始翻译杜威所著的《民治与教育》。但是巨著的译述，有远水不救近火之苦，最后还是靠私家教课的职务。这职务的得到，并不是靠什么职业介绍所，或自己登报自荐，却是和我在南洋时一样，承蒙同学的信任，刚巧碰到他们正在替亲戚物色这样的教师。我每日下午下课后就要往外奔，教两小时后再奔回学校。这在经济上当然有着相当的救济，可是在时间上却弄得更忙。忙有什么办法？只有硬着头皮向前干去。白天的时间不够用，只有常在夜里"开夜车"。

后来我的三弟进南洋中学，我和我的二弟每月各人还要设法拿几块钱给他零用，我经济上又加上了一点负担。幸而约翰的图书馆要雇用一个夜里的助理员，每夜一小时，每月薪金七块钱。我作毛遂自荐，居然被校长核准了。这样才勉强捱过难关。

毕云程先生乘汽车赶来借给我一笔学费，也在这个时期里，这也是我所不能忘的一件事，曾经在《萍踪寄语》初集里面谈起过，在这里就不赘述了。

深挚的友情是最足感人的。就我们自己说，我们要能多得到深挚的友谊，也许还要多多注意自己怎样做人，不辜负好友们的知人之明。

原载 1937 年 4 月上海生活书店《经历》。

苦学时代的教书生涯

我在做苦学生的时代，经济方面的最主要的来源，可以说是做家庭教师。除在宜兴蜀山镇几个月所教的几个小学生外，其余的补习的学生都是预备投考高级中学的。好些课程由一个人包办，内容却也颇为复杂。幸而我那时可算是一个"杂牌"学生：修改几句文言文的文章，靠着在南洋公学的时候研究过一些"古文"；教英文文学，靠着自己平日对这方面也颇注意，南洋和约翰对于英文都有着相当的注重，尤其是约翰；教算学，不外几何和代数，那也是在南洋时所熟练过的。诸君也许要感觉到，算学既是我的对头，怎好为人之师，未免误人子弟。其实还不至此，因为我在南洋附属中学时，对于算学的成绩还不坏，虽则我很不喜欢它。至少教几何和代数，我还能胜任愉快。现在想来，有许多事真是在矛盾中进展着。我在南洋公学求学的时候，虽自觉性情不近工科，但是一面仍尽我的心力干去，考试成绩仍然很好，仍有许多同学误把我看作"高材生"，由此才信任我可以胜任他们所物色的家庭教师。到约翰后，同学里面所以很热心拉我到他们亲戚家里去做家庭教师，也因为听说我在南洋是"高材生"；至少由他们看来，一般的约翰生教起国文和算学来总不及我这个由南洋来的"高材生"！我慨然担任家庭教师的职务，为的是要救穷，但是替子弟延请教师的人家所要求的条件却不是"穷"，仅靠"穷"来寻觅职业是断然无望的。我自己由"工"而"文"，常悔恨时间的虚耗，但是在这一点上却无意中不免得到一些好处；还是靠我在读工科的时候仍要认真，不肯随随便便撒烂污。

在我自己方面，所以要担任家庭教师，实在是为着救穷，这是已坦白自招的了（这倒不是看不起家庭教师，却是因为我的功课已很忙，倘若不穷的话，很想多用些工夫在功课方面，不愿以家庭教师来分心）。可是在执行家庭教师职务的时候，一点不愿存着"患得患失"的念头，对于学生的功课异常严格，所毅然保持的态度是："你要我教，我就是这样；你不愿我这样教，尽管另请高明。"记得有一次在一个人家担任家庭教师，那家有一位"四太爷"，掌握着全家的威权，全家上下对他都怕得好像遇着了老虎，任何人看他来了都起立致敬。他有一天走到我们的"书房"门口，我正在考问我所教的那个学生的功课，那个学生见"老虎"来了，急欲起来立正致敬，我不许他中断，说我教课的时候是不许任何人来阻挠的。事后那全家上下都以为"老虎"必将大发雷霆，开除这个大胆的先生。但是我不管，结果他也不敢动我分毫。我所以敢于强硬的，是因为自信我在功课上对得住这个学生的家长。同时我深信不严格就教不好书，教不好书我就不愿干，此时的心里已把"穷"字抛到九霄云外了！

这种心理当然是很矛盾的。自己的求学费用明明要靠担任家庭教师来做主要来源，而同时又要这样做硬汉！为什么要这样呢？我自己也并没有什么理论上的根据，只是好像生成了一副这样的性格，遇着当前的实际环境，觉得就应该这样做，否则便感觉得痛苦不堪忍受。

出乎我意料之外的，是我这样的一个"硬汉教师"，不但未曾有一次被东家驱逐出来，而且凡是东家的亲友偶然知道的，反而表示热烈的欢迎，一家结束，很容易地另有一家接下去。我仔细分析我的"硬"的性质，觉得我并不是瞎"硬"，不是要争什么意气，只是要争我在职务上本分所应有的"主权"。我因为要忠于我的职务，要尽我的心力使我的职务没有缺憾，便不得不坚决地保持我在职务上的"主权"，不能容许任何方面对于我的职务作无理的干涉或破坏（在职务上如有错误，当然也应该虚心领教）。我不但在做苦学生时代对于职务有着这样的性格，细想自从出了学校，正式加入职业界以来，也仍然处处保持着这样的性格。我自问在社会上服务了十几年，在经济上仅能这手拿来，那手用去，在英文俗语所谓"由手到嘴"的境况中过日子，失了业便没有后靠可言，也好像在苦学生时代要靠着工作来支持求学的费用，但是要使职务不亏，又往往不得不存着"合则留，不合则去"的态度。所以我在职业方面，也可说是一种矛盾的进展。

原载 1937 年 4 月上海生活书店《经历》。

访问胡适之先生记

中华民国十六年十一月十六日下午三点十分钟，编者为本刊访问胡适之先生于上海极司非而路"四十九 A"的寓所。后来和他握别后，满怀的愉快，赶紧写出来告诉读者，不过文责当然还是编者自己负的。

预约 我先几天写一封信去约定晤谈时间，承他回信说："我下午在家时多，极盼来谈，最好先打电话（西，六九一二）一问。"我在十六日下午便打一个电话给他，承他勤勤恳恳的指示怎样乘二路电车，到了静安寺路头，走几分钟走到"四十九号A"就到了，不过不是沿马路的，是要转弯到一个弄子里面去的。

曲径 我便照样的前往，很不容易的找到一个弄子，两边夹着西式的房屋，弄子宽而洁，曲而深：转了两三个弯，才走到"四十九号 A"。上海本是一个喧嚣的地方，但是"四十九号 A"却在这个"曲径"的末端，所以非常静寂。

静悄悄的西式小房子 到了"四十九号 A"仰头一望，见是一所静悄悄的西式小房子，我伸手压了门上电铃，有一个身穿蓝土布长衫的"老家人"出来。我问胡先生在家吗？他说："请你先给我一张片子，让我进去看一看。"我想这是受过相当训练的仆人，这样一来，就是在家，也不妨把不愿见的人"挡驾"，尤其是遇有一种自己没有事却乘着别人忙的时候来瞎谈，谈了不够，还要像屁股上生了钉钉住了不去！倘若"尊纪"脱口先说了"在家在家"，你不好意思不见，那就不了！

我当时虽听了他的"闪烁之辞"，但是因为有了很稳妥的预约，老等着他出来开门。

万籁俱寂的书房　既而"老家人"果然出来开了门，引我上楼。我走进胡先生的书房，他正在万籁俱寂中执笔疾书，著他的《白话文学史》，见我来了，笑容可掬的立起握手，招呼我坐。随口告诉我说，这部书有四十万字，将由新月书店出版。这部书真可谓一部巨著了。

怕新闻记者！　我谈话的时候，从衣袋里拿出一本小簿子，抽出一支自来水笔，胡先生看了笑着说道："你不要做新闻记者的样子！我看见这种新闻记者的样子，心里有点害怕！"我也大笑答道："你不要害怕，我今天是专为《生活》来看你先生的，所以把要问的话，略为备了一点'大纲'；一则可以有些系统，二则可以节省时间。"

对于本刊的意见　我先把本刊的宗旨告诉他，并说你先生曾经说过，少谈主义，多研究问题，本刊是要少发空论，多叙述有趣味有价值的事实，要请你加以切实的批评与指导。胡先生说："《生活》周刊，我每期都看的。选材很精，办得非常之好。"说到这里，更郑重的申明："我向来对于出版物是不肯轻易恭维的，这是实在的话。……我并听得许多人都称赏《生活》周刊。"

日本话　谈到这里，书房外面的电话铃响了。胡先生出去接谈，"叽哩嘓唠"的讲了好几句，我听上去极觉得是日本话！心里想胡先生的日本话倒能说得这样熟极而流！我虽不懂日本话，但是曾经听见人说过，这个时候觉得一定不错。胡先生走进来，我就问他是不是说日本话，他笑着说是徽州话！我说倒和日本话很相似！后来我自己想起一件关于自己的误会，我会说福州话，有一次在电话和一个人说了几句，旁边有一位朋友听了，赶紧问一句："你说那一国的外国话？"我觉得我国方言的隔阂，也是文化进步上的一个障碍物。

求学时代　胡先生五岁至十四岁是在私塾时代。来上海后最初入梅溪小学，继入澄衷中学，由澄衷而中国公学。在中国公学时候，学生采用自治制度，共和精神，后因该校受端方的津贴，派监督来，取消共和制度，风潮遂起，学生愤而退出，组织中国新公学，当时公推朱经农先生任干事，胡先生那个时候担任英文教员。据他自己说，是教爱皮西底的初浅英文，倒也饶有趣味。这个新公学开了一年余，毕业过一班学生。随后他就留学美国七年，自一九一〇年至一九一七年。

大困难　我问先生生平遇着什么大困难没有？他说："我生平不觉得有什么大困难。说起来，将要留美以前在上海的时候，可算困难时候，那个时候差不多天天醉，醉了沿街打巡捕！"这样看来，留美一行，居然把一个"醉汉"变成一个哲学家和文学家，我们倒要谢谢美国。

家庭状况　我问先生的家庭是大家庭呢，还是小家庭？他说是小家庭。他的父母俱亡，三兄已故，他自己是"老四"。现有两位小少爷，一位小姐早殇。大的小少爷九岁，在北京本在孔德学校肄业，读了一年多法文，到上海后，因邻近一带没有什么好的小学，就友人家共请一位教读，除中文算学外，也读些英文玩玩。胡先生说"这个小孩子很好"。小的小少爷六岁，就在家里读读，请胡先生的书记教。这位书记每天不过来两三小时，帮帮抄写而已。那天胡太太已出门去看牙医去。谈话之间，上面说的那位"老家人"因事走进书房，胡先生指着他说："这是我的厨子，也是我的仆人，一切由他包办，此外没有用老妈子。"……"我家里真静得舒服，像今天胡太太和几个小孩子出去看医生，家里就只有我和他。"

现在的日常生活　我问先生现在每日做什么事？他说每星期在光华大学教授三小时，在东吴法科大学教授三小时，这两个地方每星期里就费了他四个上午。此外都在家里著书。我问每天大概著多少字？他说："不一定，像前几天的四天里面，连做三篇序，都很长，每日约三千字至六千字。昨天便玩了一天。"我觉得这种生活倒也舒服，著作得起劲的时候，就做；做得吃力高兴歇歇，就玩个一天。但是这也看各人所处的情境，不能一概论的。

星期日的特别生活　我问先生星期日也休息吗？他说星期日反而大忙。我问忙些什么，他说星期日宾客来往不绝，其中有和尚，有军人，有学生，有美术家。……形形色色，忙得不了。所以胡太太常笑他说。星期日好像大做其礼拜！星期日偶遇没有宾客的时候，他还是照常著书。

娱乐　我问先生于著书之外，也有什么其他的娱乐吗？他说时间差不多全用于著书，非有人拉他去玩，简直不想别的什么娱乐。编者自己除爱看影戏外，近来又加了一种娱乐，就是喜欢跳舞。近来居然于星期日傍晚常到大华饭店去加入大跳而特跳。我便随口问胡先生喜看影戏吗？他说好几年没有看影戏。我又问喜欢跳舞吗？他说："跳舞我是很喜欢学的，但是没有机会学会，现在年纪大，学不好了。"其实胡先生今年还不过三十七岁（胡太太比他大一岁）。我看他只认定著书是他的唯一娱乐。

北京 我问胡先生还有到北京去的意思吗？他说他很喜欢北京的气候，不过目前或有久居上海之意。上海书不够看，他正在设法把藏在北京的书搬出来。我问先生和北京大学还有关系吗？他说前年作欧游的时候，便与北京大学脱离关系了。

对于中国的观察 后问先生对于中国前途的观察，有何意见发表。他笑着说道："我不谈政治。"我说撇开政治而谈社会，我觉得近年来我国社会在思想方面确有进步，你以为如何？他说："近年来我国社会确有进步。只要有五年的和平，中国便大有可为。"

本分人物 我说各国在思想界总有一二中心人物，我希望胡先生在我国也做一位中心人物。他说："我不要做大人物。"我进一步问他："那末要做什么人物？"他说："要做本分人物，极力发展自己的长处，避免自己的短处。……各行其是，各尽所能，是真正的救国。"

努力 我这次费了胡先生三刻钟，承他临时替《生活》周刊写了一张古的新诗（即本期所刊墨迹），最后我问他讨了一张本身相片和一张家庭相片，兴辞而别。握别的时候，胡先生还说他很佩服《生活》周刊的努力精神。

十六年十一月十六晚十一时记。

原载 1927 年 12 月 4 日《生活》周刊第 3 卷第 5 期。

吴稚晖先生的未来世界观

吴稚晖先生最使人佩服的，是年老而思想非但不老，并且是括括叫的大新而特新。他的文字，嬉笑怒骂，淋漓尽致，每于诙谐之中寓着至理，能令读者非一口气看完，不肯罢休。他的谈话也是这样，常自称"老头儿""土老儿"。十二月一日蒋宋在上海大华饭店行结婚礼，这位"土老儿"先生对着冯玉祥的夫人等大发挥他的宏论，把一般所谓大人物的，骂得"不亦乐乎"。愤世嫉俗，发指眦裂，冯夫人听了"老头儿"的妙论，"不敢赘一词"，便问照吴先生看来，将来人类究竟走到怎样的路上去。吴先生便因此一问，大宣布他的未来世界观，我觉得倒很有趣味，很有远见，可以说是人类生活的革命论。

吴先生说依他看起来，将来的人类要走三条大路。第一条路是教育革命，第二条路是物质革命，第三条路是生育革命。

教育革命　他说人类的不平等，是教育制度不良的结果。原来车夫和苦力并不是天造地设的，博士硕士也不是生而知之的，只因为教育不同，所以苦的苦死，好的好死！其实所谓博士有什么了不得，只要大学教育公开，博士便满街都是。现在欧洲的义务教育有的已到中学，到大学也就不远，等到人人都是博士，你也是博士，我也是博士，还怕你欺侮我吗？这样一来，罪恶自然会减少。

我们只要看看文明各国义务教育年龄与程度增加，便知道吴先生的话，确是世界潮流的趋势。反观我国不识字的同胞还有百分之九十八，怪不得少数自命知识阶级的人尽管兴波作浪！

物质革命 个个都是博士，又有谁来倒垃圾，谁来倒马桶呢？吴先生说要解决这个问题，只要物质革命，人类运用智力，使用机器，一切工作，都用机器去做，人类只要管理已足。他以为到了物质革命成功的时候，每人每日只要做两小时工作，需用的东西人人有，人人享受人生的快乐。

讲到物质革命，吴先生随口把章行严大骂一顿。他说由物质革命所得的境界，绝不是瞎谈农本主义的章行严所梦想得到的。吴先生说有一次他在北京，章行严说中国非以农立国不可。他"老头儿"就大不客气的骂他几句，说他所主张什么以农立国，不外两条路：一是自己动手耕种，终年勤苦，家人不足温饱；二是雇用长工，自己来做小资本家。那还要得？若将来物质革命之后，预料千亩之田，只要十人管理，轮流工作，因科学的进步，那时只要在八小时之内，就可由下种而立得收获，何等轻快，彼此只要分分就得了！这就是将来人类在物质方面革命的结果。

讲到物质革命成功，科学发达到极点以后的交通，吴先生也有很有趣的意见。他说到了那个时候，人类可以不必乘车坐船，什么火车汽车，都要嫌得笨极，只要把身子一摇，或是用什么东西一拉，要到那里，就到那里了！我看照吴"老头儿"的意思，人人都像"孙行者"一样，或是像商务印书馆找钱用的运转机一样，一摇或一拉就行！诸君不要以为吴先生说梦话，科学发达必有这种能力。我们只要想没有电梯以前，如果对人说只要眼睛一闪，双足不动，就到了五层楼，有谁相信？

吴先生以为到了那个时候，人类生理上也必有剧烈的变化。他深信达尔文的进化论，人类在往古本是四足兽，后来因要适应环境，前面两脚就变成两手。此后人类还是要进化的。现在汽车这样多，被轧死的人不知多少，再过几万年，人类后头骨上必定要生出两只眼睛来应付环境！照吴先生这样说，将来满街都是前后共总生着四只眼睛的人来来往往，倒是奇观！

生育革命　物质发达到极点，人类好像神仙一般，既没有战争，又没有瘟疫，世界上便要有人满之患。吴老先生说解决这个问题要生育革命。他说所谓生育革命，要用科学的方法来对付这个问题，绝不是像现在所有什么节育谬说，也不是像胡适之等作孽，闹什么新文化，旧文化，翻筋斗翻出一大批不正当的书报来！

我觉得没有能力的人偏偏生了许多子女，真是极苦的生活，所以对于吴先生所说的用科学来节制生育，十二分的表同情。不过骂胡适之先生是现在市上不正书报的作孽者，却太冤枉。这是我不怕吴"老头儿"先生的痛骂，要硬着脖子说一句公道话的。

原载 1928 年 1 月 8 日《生活》周刊第 3 卷第 10 期。

记蔡子民先生（上）

奋斗与思想　现任大学院院长蔡子民先生今年六十一岁了，学界泰斗，德高望重，是一般国人所知道的，所以他的历史用不着我来介绍。我所要提出和诸位谈的，是蔡先生"寒士"时代的奋斗生涯，和他可以使得我们受用的思想。

父母　家境好的人家的子弟往往不成器，伟大的人物往往出于穷苦的人家。我们读世界伟人传记常有这种感触，蔡先生也不是例外。他世居绍兴。他的父亲耀山先生做钱庄经理，为人宽厚，有贷必应，拖欠不忍索，逝世时蔡先生才十一岁，家无积蓄。母亲周氏贤而能，耀山先生殁后，世交中有欲集款以赡其遗孤的，周太夫人不肯，情愿质衣饰，克勤克俭，辛勤教养，常把"自立""不倚赖"的训词勉励她的儿子。所以有人说，蔡先生的宽厚，是他父亲的遗传性；蔡先生的清廉，是得力于母教。

叔父　发展天才，与所处的环境很有关系，尤其重要的是能利用环境，否则虽有相当环境而还是无用。蔡先生有叔父茗珊先生，治书古文辞，藏书也不少。蔡先生就利用这个环境，治学很勤，在十几岁的时候，得他叔父的指导，就翻阅《史记》《汉书》《困学纪闻》《文史通义》等书。当他二十岁时候，读书于同乡徐氏，兼为校对所刻的书籍。徐氏藏书更富，先生又利用这个环境，博览群籍，学益大进。

议婚条件　先生的委身教育，始于绍兴中西学堂，是绍兴绅士徐某所设的一个中学校。时先生任监督，因倡新思想，为顽旧者所忌，不久辞职。当他为该校监督的时候，夫人王氏逝世，后来有许多人来做媒，蔡先生提出下列的条件。（一）女子须不缠足，（二）要识字的，（三）男子不娶妾，（四）男死后，女可再嫁，（五）夫妇如不相合，可以离婚。这几个条件，在今日看起来，似乎不很可惊，但在三十几年前，简直使人吓得说不出话来！尤其是最后两条为可骇！后来江西黄尔轩先生居然把爱女嫁给他。他于结婚那天的午后，大开其演说会，说是代替闹新房，在当时也算是闻所未闻的创举！

留德的苦学生　清光绪三十三年，时先生以在上海与同盟会同志从事革命运动无所成，乃赴德留学，为学费计，兼为商务印书馆编书，同时更为在德唐氏家教其子弟四人。在柏林习德语一年，在来比锡进大学听讲三年，研究哲学，文学，文明史，人类学等。时先生已四十四岁，以在旧学方面博通经史的翰林先生，仍做海外的一个苦学生，这种好学不倦的精神，真使后生小子愧煞！

美育　辛亥武昌起义，先生在柏林相助鼓吹，未几回国，南京政府成立，任教育总长，当时教育界或提倡军国民主义，或提倡实利主义，先生以为未足，以为"教育界所提倡之军国民主义及实利主义，固为救时之必要，而不可不以公民道德教育为中坚。欲养成公民道德，不可不使有一种哲学上之世界观与人生观，而涵养此等观念，不可不注重美育"。

公民道德　蔡先生所谓公民道德，以法国革命时代所揭橥的自由，平等及友爱为纲，取吾国古义为解释。他说："自由者，富贵不能淫，贫贱不能移，威武不能屈，是也，古者盖谓之义。平等者，己所不欲，勿施于人，是也，古者盖谓之恕。友爱者，己欲立而立人，己欲达而达人，是也，古者盖谓之仁。"

留法听讲 民国元年夏，先生既辞北京唐少川氏内阁教育总长之职，偕眷属再赴德国，乃在大学听讲，并在世界之明史研究所研究。二年夏以宋教仁案，得上海电归国，奔走调停无效，是年秋又偕眷赴法国，住巴黎近郊一年，习法语，编书。他老先生于流离颠沛之际，竟不忘研究学问！

美术 先生之提倡美育既如上述，而对于美术之作用，尤有精切之说明。他说："……道德之超越功利者伴乎情感，恃有美术之作用。美术作用有两方面：美与高是……美者，都丽之状态：高者，刚大之状态。假如光风霁月，柳暗花明，在自然界本为好景。传之诗歌，写诸图画，亦使读者观者有潇洒绝尘之趣，是美之效用也，又如大海风涛，火山爆发，苟非身受其祸，罕不叹为壮观。美术中伟大雄强一类，其初虽使人惊怖，而神游其中，转足以引出伟大雄强之人生观，此高之效用也。"

原载 1928 年 3 月 25 日《生活》周刊第 3 卷第 19 期。

记蔡子民先生（中）

　　义务与权利　蔡先生对于义务与权利，也有很正确的观念诏示我们。什么是权利？什么是义务？他以为"权利者，为所有权自卫权等，凡有利于己者皆属之。义务则凡尽吾等而有益于社会者皆属之"。

　　义务与权利，两者之轻重如何？蔡先生以"意识之程度"，"范围之广狭"，与"时效之久暂"三者为衡，加以比较。就第一点说，"下等动物，求食物，卫生命，权利之意识已具，而互助之行为，则于较为高等之动物始见之。……人之初生，即知吮乳，稍长则饥而求食，寒而求衣，权利之意识具，而义务之意识未萌。及其长也，始知有对于权利之义务，且进而有公而忘私，国而忘家之意识。"蔡先生因此断言权利之意识较为幼稚，而义务之意识则较为高尚。就第二点："无论何种权利，享受者以一身为限，至于义务，则如振兴实业推行教育之类，享其利益者，其人数可以无限。"蔡先生因此断言权利之范围狭而义务之范围广。就第三点说："无论何种权利，享受者以一生为限，即如名誉，虽未尝不可认为权利之一种，而其人既死，则名誉虽存而所含个人权利之性质，不得不随之而消灭。至于义务，如禹之治水，雷绥佛（Lesseves）之凿苏彝士河，汽机电机之发明，文学家美术家之著作，则其人虽死而效力常在。"蔡先生因此断言权利之时效短而义务之时效长，这样看来，人类的生存，实在是权利轻而义务重。

原载 1928 年 4 月 1 日《生活》周刊第 3 卷第 20 期。

记蔡子民先生（下）

对于家庭教育的疑点　蔡先生对于家庭教育很有点怀疑。他以为"第一层：教育是专门的事业，不是人人能担任的。譬如有一块美玉，要琢成佩件，必要请教玉工。又如有几两黄金，要炼成首饰，必要请教金工，断不是人人能自作。现在要把自家子女造成适当的人物，难道比琢玉炼金容易，人人可以自任的么？第二层：有子女的人，不是人人有实行教育的时间。男子呢，有一定职业，就每日有一定作工的时间，作工完毕了，还有奔走公益的，应酬亲友的，随意消遣的，请问每日中有多少时间可以在家与他的子女相见？妇人呢，或是就职业，或是操家政，也有讲应酬消遣的。请问每日中有多少时间可以专心对付他的子女？"

有钱没有钱　蔡先生接下去说："所以有钱的，就把子女交给没有受过教育的仆婢，统统引诱坏了。没有钱的，就听子女在家胡闹，或在街上乱跑；父母闲暇了，高兴了，子女就有不好的事，也纵容他；忙不过来了，不高兴了，子女就有好的事，也瞎骂一阵，乱打几拳，这又是大多数父母的通病了。"

正经与乱七八糟　"正经的父母，不知道儿童性情与成人大有不同，立了很严的规矩，要儿童仿作，已经很不相宜了。还有大多数的父母夫妇的关系，兄弟姊娌的关系，姑嫂的关系，……高兴了就开玩笑，讲别人的丑事，不高兴了相骂相打；要是男子娶了妾，雇了许多男女仆，那就整日演妒忌猜疑的事……这可以做儿童榜样吗？……"蔡先生因此说："有许多儿童都是受了家庭不好的教育，进学校后不很容易改良，所以我对于家庭教育很有点怀疑。"

理想的办法 我们听了蔡先生对于家庭教育的疑点，至少发生两个感触，一是足见教育事业的需要与责任的重大，二是更觉家庭教育有改造之必要。但是蔡先生却有他的理想的办法。他的理想是："一个地方，必须于蒙养院与中小学校以外，有几个胎教院，几个乳儿院，都由专门的卫生家管理。胎教院的设备，如饮食，器具，花园，运动场，装饰的雕刻与图画，陈列的书报，都是有益于孕妇的身体与精神的。因为孕妇身体上受损害了，或精神上染了污浊，都要害及胎儿的。乳儿院的设备，必须于乳儿的母亲身体上精神上都是有益的，要是母亲有了疾病，或发了邪淫愤怒悲愁的感情，都是害及乳儿的。"

好了 "有了这种设备，不论那个人家，要是妇人有了孕，便进胎儿院；生了子女，便迁到乳儿院。一年以后，小儿断乳，就送到蒙养院受教育，不用他的母亲照管。他的母亲就可回家操他的家政，或营他的职业了。"

现在西洋热心社会改进的教育家，对于如何使得妇女把职业与家政能够兼顾的方法，是很热心研究的，蔡先生这种理想，可谓根本的办法，我深信将来社会愈益进化，蔡先生的理想必能成为事实。

原载 1928 年 4 月 8 日《生活》周刊第 3 卷第 21 期。

高尔基与革命（上）

关于当代革命文豪高尔基生平的奋斗生涯，记者曾做了四篇文章在本刊上介绍过，最后一篇谈到他三十岁时出版了两卷文集，文名渐及全国，由一个做苦工的飘泊者，一跃而为全国景仰的著作家，其中经过的饶有趣味的情形，读者都已知道。这位文豪和俄国的革命运动既有很重要的关系，关于这方面也有许多值得我们注意的事实，所以又特作此文接下去谈谈。

说也奇怪，高尔基对俄国革命，尤其是列宁所领导的布尔希维克的革命有重要的贡献，他用了他的时间，他的笔，他的钱——据说他生平的稿费收入有百分之七十是用在捐助革命运动——他的个人的自由——继续不断的受着警察的严密监视，屡次下狱——协助革命运动的进行，但是他始终未曾正式加入过什么政党，就是布尔希维克党他也从未正式加入过，他自称在革命运动中不过是一个"同情者"（"sympathizer"），但是他在实际上对于革命运动的劳绩，苏联至今铭念不忘，我们只要看今年九月间苏联全国对于他的著作生活四十周年纪念作热烈盛大的庆祝，便是一个明证。

他在一九〇五年创办日报 Novaya Zhizn（译意为《新生活》），第六期起就由他请列宁主编。一九〇七年他在伦敦参加在该处举行的俄国社会民主党大会时，列宁亦在内，他和列宁的亲厚交谊就从那时开始。在此次大会里布尔希维克派（主张彻底的无产阶级革命）和孟希维克派（主张参加当时的议会，较有妥协性）明确的分家，前者即由列宁领导，而为高尔基所同情的。但在此时以前，他和俄国革命运动发生关系却已早就发生了。其实从他十八岁时在当时知识阶级所组织的革命团体所谓"民意派"中人开的糕饼店里做助手起（一八八六年），一直到一九一七年革命的爆发，在这三十一年的长时间里面，他的行动，可以说无时不在俄京圣彼得堡警察总监注意之中。俄帝国的各处警察所，乃至当他出国后派在各国的暗探，都随时有密报寄呈俄京警察总局。这种档案，现在竟成为高尔基传记的绝好材料，并可看见当时统治者对于他的种种神经过敏的探报和推测，实在可笑。

我们在前次文中已经知道，高尔基并非生于"普罗列搭利亚"或有革命意识的家庭中。他幼时接近最久的外祖父和母舅等都是属于敬上帝怕沙皇的中下阶级。他青年时代所接近的雇主和伙伴也大半属于自命不凡的公民。他还够加入"普罗列搭利亚"的唯一资格，只有根据他嘉山糕饼店里做学徒的资格。他的这种资格，最近由苏联糕饼师工会给予正式的承认，送他一张"名誉红糕饼师"的证状。但是无论他非出身无产阶级，他的革命性格却从小就有，对于他的环境中所遇着的种种恶习惯，从来不肯盲目服从。他不但不肯盲目屈伏，而且常作反抗，每因此受前辈的鞭挞而无悔。到了一八九九年，他的声誉横溢，尊崇者亦愈多，警察当局探悉——尤其在尼斯尼诺伏格拉——革命的工人，学生，及被驱逐出境的政治人物，都把他当作众所仰望的人物，当作革命的象征，渐渐的更形恐慌起来。

当时俄国政府因防革命运动，对于各大学的青年学生防备极严，待遇尤酷，极端压迫，不许他们有任何方式的组织，强迫他们一律要穿制服。一八九七年有一大学女生费楚华（Maria Vetrova）冤死狱中，有遭受横暴致死之传说，更激起全国学生界的愤慨。一八九八年全国高级学校均有扰乱发生，参加者共有三十大学，学生达二万五千人以上。当局用军警威力对大学生作更强烈的压迫，皮条枪刺，横冲直撞，惨无人道。压迫愈甚，反抗愈烈。高尔基目击心伤，愤慨已极，一九○一年警察局检查得他写给莫斯科《星期三》周报主笔特勒旭夫（Teleshov）的信，里面有这样的话："我的好友，我们必须为学生们仗义执言……我请你，尽你的力量干！有好多城市已开始行动了。"同年四月，高尔基在尼斯尼诺伏格拉因用油印机印发革命文告被拘。高尔基的躯体虽被拘，但是他的著作中的名句已深入人心，革命青年都引为鼓励民众激起革命高潮的标语，他的充满革命意识的名著《暴风雨中的海燕之歌》，不久已传遍全俄人民的嘴上了。当时俄当道视高尔基为最难对付的劲敌。要办他的罪，捉不住什么罪名的实证；但黑暗政治之下，草菅人命，原可不算一回事，可是以高尔基声誉之隆，为全国所敬仰，又不敢随便结果他的性命！

　　后来高尔基在狱里肺病增剧，由于文学家托尔斯泰的斡旋，当道准他出狱，但仍须由警察加以特别的监视。后又觉把他留在尼斯尼诺伏格拉不妥当，因为他对于该处的工人太有势力，恐怕要弄出扰乱治安的花样，遂把他放逐到附近一个小镇阿萨麻斯（A Zamas），以便易于监视他的行动和来访问他的人。此处是个安静而偏僻的地方，高尔基便乘这机会写了不少的著作。他的肺病却愈增剧，他呈请内政部大臣准他到克里米亚去养病，当道许他由当年十一月住到第二年的四月。俄国革命青年把他当作革命的象征，随处利用他唤起民众革命的意识。他此行原由自请，但是革命青年们却说政府又违法把他放逐了，他动身时，以及路过各车站时，数千成群的青年迎他送他，高唱平日不许唱的歌，大发平日不许发的小册子，"高尔基万岁！""自由万岁！"之呼声震天地，弄得警察们忙得像蚂蚁在热锅上似的，忙于奔走弹压，忙于作报告。

一九〇二年四月他又被强迫迁回阿萨麻斯。他的名剧《下层》（"At the Bottom"）就在此时禁锢中所写，十二月排演于莫斯科艺术戏院，轰动一时，但至第二年二月即被当道禁演，因为他们怕高尔基的革命人格对于民众的影响，虽经过检查而仍不放心。但他在此后二三年内名剧出版多种，在威匿斯及柏林等处都有胜利的表演。他在国际文坛上的声誉和他在革命运动的影响适成正比例，至一九〇五年又被拘捕入狱。自一九〇四年至一九〇五年，俄国无时不在闹着罢工的风潮，海陆军的扰动，农夫暴动，各专业的会议抗争，一致的要求取消专制，实行宪政。各革命党的声势日形浩大，尤其是社会主义的革命党徒，他们的斗争的组织造成许多恐怖的现象，这种运动到一九〇五年十月达到锐点，全国空前的大罢工，强迫尼古拉斯第二不得不宣布允许人民以宪政的权利。在这段多事之秋的时期内，一九〇五年一月二十二日——著名为《红星期日》（"Red Sunday"）——圣彼得堡工人罢工集队赴皇宫大请愿，高尔基在事前联合各著名作家警告政府勿用武力对付，乃终演残杀惨剧，行人道上被赤血染得鲜红，从这次俄国的"普罗列搭利亚"深刻觉得信托当时统治者之为无上愚蠢，不再作无益的幻想了，简直由当道种下了十二年后——一九一七年——革命成功的种子。高尔基被控关于此次事变的宣言由他起草，且曾设法资助社会民主党，于一月被拘入狱。此次入狱不但引起国内社会名人的抗议，而欧美各国的著作家科学家政治家纷纷开会发电援救，直接电慰高尔基的有如云起泉涌，吓得帝俄政府不敢再用更恶毒的手段来处置高尔基，关至三月，左肺病剧，由人捐助一万卢布交保，但他出狱后仍不能如当道所希望之安分，在这年最后的三个月内，真苦死了警察当局之忙于报告高尔基的行动！十月间他创办《新生活日报》，联合名著作家共同努力，如当时著名社会民主党人列宁及考茨基等均在其列，十二月间即被封闭，但十二月间他却参加莫斯科的暴动！他的行动当然不能久守秘密，所以在一九〇六年一月，他在圣彼得堡住的房间便被警察搜查，二月间他避往芬兰首都赫辛克福斯（Helsingfovs），但密探报告内务部大臣，说他到芬兰时有无数青年学生及红卫队唱歌奏乐迎接他，于是有即加拘捕之意，高尔基乃离开芬兰而往西欧。但是他虽亡命国外，俄当道仍不能高枕而卧，详情容下篇再谈。

原载 1932 年 12 月 3 日《生活》周刊第 7 卷第 48 期。

高尔基与革命（中）

高尔基因参加民众运动，为俄国当道所不容，于一九〇六年二月逃往西欧，这是记者在上次一篇里末尾所提及的。俄当道听到他亡命国外的消息，当然嘘一口气，如释重负，因为他在国内给与他们不少的麻烦与惊慌。在他们原想把他的性命干掉，一了百了，落得一个干净，无奈国内外敬仰他的人不可胜数，深恐乱子越闹越大，不得不勉强忍耐，又不敢下此辣手。现在他出国了，虽则可以自由言论和行动，但比他在国内被民众拥为革命运动的中心人物，危险可以少得多了。但是俄国当道对于他仍不能放心，所以仍派有暗探在国外留意他的行动，尤其是因为帝俄政府正在想法向国外借款，而以高尔基的声望，在国外暴露帝俄统治者的种种罪恶，热烈拥护革命运动，力劝各国赞助俄国的革命，不要把金钱借给俄国的专制政府，这和他们的借款计划，当然是个很大的打击，所以着了慌。高尔基到柏林，受当地热烈的欢迎，宴会啦，演讲啦，大家不仅把他视为一个名作家，竟把他视为奋斗中的俄国的典型。社会民主党的党人都聚集来访问他，风起泉涌，盛极一时。在柏林的这种浩大的声势，便是西欧各国对他将有同样热烈欢迎的预兆，所以帝俄政府对于他在欧洲的进行和大西洋的过渡，感觉到十分的不安，但他们尽管不安。而高尔基之出现于欧洲，宣传鼓吹，震动遐迩，为俄国的革命运动增加不少势力。

当时布尔希维克派的革命党人，由他们的"财政总长"克拉辛（Leonid Krasin）建议，派卜伦宁（Tr. Burenin）为该党代表，随着高尔基和安都丽华女士（Maria Andreyeva 高尔基未经正式结婚的夫人，详情见后）到美国去宣传，为俄国的革命运动获得好感情和经济上的赞助。自从"红星期日"事件发生以后，美国报上常载有这位名作家的奋斗新闻，民众对他已有同情的感想；当他入狱的时候，美国的名主笔发起拥护他援助他的不少。这次他亲到美国，愈益轰动一时，美国的名作家马克吐温（Mark Twain）和豪尔斯（William Dean Howells）等代表美著作界特开宴会欢迎，随后宴会和公开演讲会已按日排好，准备陆续接着对他作热烈的欢迎，当时的罗斯福总统且有将请他到白宫宴会的消息。美国全国舆论均轰轰烈烈的反对俄国的专制政治，都同情于俄国革命。

这种情形，在正想设法向各国借款的帝俄政府，当然吓得魂不附体，在华盛顿的俄国驻美大使更焦急忙碌得寝食不安，想尽方法来阻挠高尔基，破坏高尔基。他先设法使美国的移民局官吏不许他入境，理由是诬他是个无政府主义者。但是这个计划失败了。美移民局官吏照例问他几句话，问他究竟是不是无政府主义者，是不是法律和秩序的仇敌。高尔基宣言道："不，我是一个社会主义者。我是拥护法律和秩序的，因此我正在对沙皇政府反抗，沙皇政府无他，不过是有组织的无政府主义罢了。"俄国驻美大使见此计不售，想法利用美国报纸暗示，说筹集美国的金圆来供给武力来反抗一个"友谊的"政府，这是不合理的事情。对俄国革命最富同情的美国名作家马克吐温对此点力加驳斥，提醒美国人，说美国前在革命时期也受到法国的协助。此外俄京圣彼得堡还放出毁坏高尔基的消息，例如说高尔基不仅是个改造家，简直是个极危险的"社会革命家"，但是在一九〇六年，"革命"这个字在帝俄听来觉得严重，在美国则已家传户晓，不足为奇，置之不睬。驻美的俄国大使看见种种破坏的方法都失败，于是最后一着，利用美国普通人最所顾忌的一件事——关于性道德的计较。他只要放出空气，说和高尔基一同来美的介绍时认为夫人的安都丽华女士是个女伶，并未和他正式结过婚，他的原有的夫人和一个儿子还在俄国云云，便弄得各报争载，使原来对高尔基热烈欢迎的社会，一变而为鄙弃冷淡。高尔基和他的夫人分居了好几年，他的夫人已另得了一个伴侣。因为他是个革命者，俄国的天主教堂不许他受离婚的手续，在实际是等于离了婚。安都丽华女士是个多才多艺的女伶，贤慧干练，通俄文，法文，德文，意大利文。和高尔基已实行同居之爱者数年，高尔基只懂俄文，在国外就靠她担任翻译。他们两人对协助列宁从事革命，列宁关于组织及设法寄递革命报纸到国内去，靠安都丽华女士的干才辅助之处颇多。但是因为未得到俄国牧师的证婚，被美国各报一为披露，便弄到他们俩受人白眼相加，他们所住的旅馆不肯再容纳，挥之门外，搬到别一个旅馆里去，深夜又被他们请出门外，高尔基夫妇等竟于深夜中立在纽约的人行道上，彷徨无所归！据传当时高尔基笑着说，倘若需要的话，他尽可睡在街上，像他幼年穷苦时在故乡所做过的一样。后来幸而有马丁夫妇（Mr. and Mrs. John Martin）接到他们家里去住下。此事在帝俄政府可谓踌躇满志。高尔基在美虽受着这种意外的挫折，但在美国的夏季却著完他的名作《母亲》一书。

这个夏季，法国竟借款给帝俄政府，高尔基作文对法国痛斥其谬，并警告法国的银行家道："俄国的革命的发展虽要慢慢地，经过长时间，但最后的胜利必归人民……当权力握在人民手里的时候，他们便要追想到法国的银行家曾经帮助沙皇皇族来反抗正义和真理的自由，维持他们的统治，而他们的野蛮和反文化的虐政却已为欧洲的诚实的眼睛所看清，诚实的心所觉到。我敢断言，俄国人民对于已用他们的血偿还了的借款决不归还。他们决不归还！"后来一九一七年十月的俄国革命成功之后，苏联人民委员会果于一九一八年二月十日发出命令，宣言沙皇所欠的外债一律无效，这个命令至今仍有效力，高尔基当时的愤懑的宣言，可谓有了事实的证明了。

同年十月高尔基住在意大利的喀普里岛（Capri），在和平的健康的环境中，专心于他的文学上的工作，关于政治的活动好像暂时停止，但据俄国驻在罗马的大使对俄国首相的报告，说他仍为亡命国外的革命党人的领袖，有许多仰慕他的人仍来喀普里访问他，他仍是他们的导师；他并时在意国报纸上发表攻击帝俄政府的文字。

一九〇七年四月，高尔基参加俄国社会民主党在伦敦举行的大会，在这个会里，普勒哈诺夫（Plekhanov）所领导的孟希维克派和列宁所领导的布尔希维克派遂有更显著的分裂，而高尔基则为同情于后派的。他和列宁的友谊也从此时起更为亲密。但是他并不一味袒护布尔希维克派，而且始终是该党的一个敢言直谏甚至犯颜力争的一个诤友，关于这一点，下篇里当再提出来谈谈。

原载 1932 年 12 月 10 日《生活》周刊第 7 卷第 49 期。

高尔基与革命（下）

高尔基自从一九〇七年在伦敦参加社会民主党大会以后，和布尔希维克派的领袖列宁友谊较前益密，对于革命的努力亦多所贡献，这在上期一文里记者已经提及。自从这个时候起，直至一九一三年十二月高尔基因大赦回俄止，其间除有一段例外，他们两个人的通信总是很勤奋的继续不断的写来复去。不过他赞助列宁革命固非常努力，而在此通信时期中却常常争辩得异常激烈。列宁十分钦佩高尔基的天才，并见他的声誉日隆，得他赞助革命运动的进行，必于光明的前途大有裨益，所以很高兴有他参加。但是自孟希维克派和布尔希维克派分裂后，彼此分道扬镳，各行其是，在高尔基虽完全表同情于列宁所领导的布尔希维克派，他却常常希望这两派能够重新结合起来，增加革命的力量，而列宁却认为此种妥协，于革命前途大有妨碍，坚持不可。盖列宁得权之后，对于反对者，比现在苏俄当局对于敌党的态度宽大得多，惟在组织革命时候，那他是绝对严格的，凡在信仰上有些微游移的，他丝毫不肯通融。为着这一点，高尔基不知道和他吵过多少次的口舌，但列宁却始终坚持，不肯放松。到一九一一年的时候，高尔基还在努力设法叫这两派合并，极力鼓吹开一个全体会议，列宁不得不对他表示斩钉截铁的断然态度，写信对他说："我们要和孟希维克派的马托夫（Martov）一类人合并，这是绝对无望的事情，当你在巴黎时，我已当面告诉过你。倘若我们竟为此绝无希望的计划而打算开会议，结果只有侮辱而已。（讲到我个人，就是叫我和马托夫开个私人会议，我也要毅然拒绝的。）"高尔基还不肯休，总常以同党团结为言，列宁虽敬重他的好意，但认定他对此点是完全错误的，他老实告诉高尔基以后对此事连提都不必提，这幕剧战是绝对不能避免的。他表示："宁愿四肢分裂，不能和这班人混在一起！"这种地方，我们却不能不佩服列宁有知人之明。他深知高尔基在文学上是大有助于革命，他的无产阶级的文学，他的震动遐迩的声望，都大有助于革命的，他就利用他的特长和优点，以促进革命的向前实现。关于政治理论上的争辩和组织上的取舍，他却成竹在胸，丝毫不肯迁就。因为这方面的异同，他们曾有一段时期断绝了往来，但不久又恢复了友谊，列宁亲到高尔基在意大利的喀普里岛当面畅叙了几天。他们两位的许多通信，除政治的讨论外，都显示着很深的友谊，在列宁写给他的信里面，讲到政治的意见方面尽管辩得好像面红耳赤，跃然纸上，简直好像对骂，但是到了信的尾巴上，他总再三的郑重叮咛高尔基要好好的医疗他的肺病，保护他的健康！关于他个人的行动以及党务的情形，总仍是给他详细知道。一九一二年八月，布尔希维克党很大胆的在圣彼得堡开办一个日报，报名《真理》（"Pravda"），也坚请他撰稿。这个报在当时竟出乎意料之外的，得拖到一九一三年的六月，才被帝俄当道封闭，至一九一七年革命成功时才恢复起来。一九一三年的二月，高尔基的肺病大剧，医生断定他只可以再活得三个星期，列宁知道了大为焦灼惊慌。谁料得到如今列宁墓木已拱，而这位文坛怪杰仍呼吸于人世间！

　　说也奇怪，高尔基对于俄国的革命，虽有很大的贡献，但在革命未成功以前，他对于帝俄统治者的种种罪状，痛击得体无完肤，对于革命运动的宣传鼓吹，不遗余力，等到布尔希维克党于一九一七年十月革命成功之后，他的笔锋又在他所办的《新生活》日报上对于当权的布尔希维克党加以痛击。他所以大发雷霆者，因为他们一到自己得到政权之后，对于政敌所用的压迫手段，和他们自己从前所受的一样。他生平的老癖气是专替受压迫者对有权力者挑战。在帝俄时代，他专为革命运动者张目；在克伦斯基时代，他尽力为布尔希维克派说话；在十月革命以后，他看见当道对于政敌作横蛮的压迫，他又不客气的大说别人所不敢说的话。他甚至于大骂列宁和托洛斯基，他质问他们还记得沙皇的警察把革命领袖掷入牢狱和苦工作场上去的惨状？质问列宁对于言论自由的态度，和帝俄时代的无理压迫有何差异？新统治者对高尔基因此也起了反感，把《新生活》日报的一班人称为"四分之一的布尔希维克"。列宁自己对于高尔基的攻击似乎还不甚介意，不过在他下面的人物却觉悻悻然，骂高尔基为革命的叛徒，骂他二十年为大众奋斗，最后仍揭开了他的假面具。布尔希维克的机关报《真理》责高尔基"说出了工人的仇敌的话"。高尔基此时在当道的心目中固认为是个大逆不道的脚色，而非布尔希维克的知识阶级却也骂他，骂他藉"文化的假面具"，素来拥护革命，对于布尔希维克党的登台，应负重大的责任。高尔基可谓陷入四面楚歌焦头烂额的境域了！但是他并不为之气馁，他宣言道："无论政府在何人手里，我都要用批评的态度来对付它，我要维持人类应享的权利。"在列宁一班的当局者，虽对于他的态度大不舒服，尚不过在党的机关报上对他有所争辩，此外并没有把什么苦头给他吃，并且在事实上从政治建设方面做出成绩来给他看，所以十年之后，高尔基重归故国，受当局和民众的热烈欢迎，目睹苏联的实际成绩，他感动得流下泪来！

　　原载 1932 年 12 月 17 日《生活》周刊第 7 卷第 50 期。

悼戈公振先生

记者提笔含泪写着这篇《悼戈公振先生》的时候，正在十月二十四日下午从中国殡仪馆哀送戈先生大殓以后。为中华民族，为新闻事业，为个人友谊，想起他都不胜其凄怆悲痛。回忆戈先生于十月十五日下午由海参崴乘北方号到上海，我和胡仲持先生同到码头去迎接他，握手言欢，历历犹在目前，谁能想到七天后就在他的弥留榻前，和他惨然永诀！

我在码头上和他见面的时候，就感觉到他容颜苍白，和他往时的红润丰采迥异，精神也很萎顿，在当时以为只是旅途劳顿，而且在途中晕过船，所以这样疲乏，到后稍稍休养，便可无碍。他自己也对我这样说。我问他在船上夜里睡得怎样，他说夜里睡得不好，总要到东方既白，才在朦胧中睡着片刻。其实他此时已有了病，他自己不在意，我们也只想到他的长途辛苦，不曾知道他有了病。

他在海参崴将动身的时候，给我一个电报，说乘北方号回上海，可于十六日到。我在十五日打听该船于十六日何时可到，才知道在当日（即十五日）下午四时半即到。仲持先生和他是《申报》旧同事，原和我约过一同去接他，我便临时匆匆通知了他，同向三马路外滩跑去。当时因戈先生的许多亲友都不知道轮船当天即到，所以到码头去接他的就只有仲持先生和我。轮船湾在浦东，我们雇了一只小汽油船把他接到海关码头后，因等候行李，三个人就在那里谈了两小时左右。他孜孜不倦地问着上海报界的最近情形，一点没有想到他自己的疲倦。我请他在那里的板凳上坐坐，他略坐了一会儿，又立起来，询问上海报界老友们这个怎样，那个怎样，又谈到中国的时局。直到六点多钟，行李手续弄清楚后，我们三个人才离开了海关码头。他决定暂住四川路的新亚旅馆，因相距不远，主张我们一同步行；仲持先生和我因想到他的长途劳顿，在途中轮流着替他提着一个装得满满的皮包。他说这个皮包里所装的是他在考察所得的尤其重要的材料，放在其他行李一处，有些不放心，所以随身带着；他那里知道这样辛勤搜得的重要材料，如今竟没有机会被他用到，我现在回想到当时他的这几句话，更不禁有无限的伤感。我们于灯光隐约人影憧憧中沿着外滩，经过外白渡桥，一路谈到新亚旅馆。此时他很健步，并对我说，晕船这件事很奇怪，一上岸就和在船上时不同。他在谈话里提到史量才先生的死，提到黄任之先生的病，他很替黄先生的安然渡过危病难关庆幸，说要抽出时间去看看他。我本想在那天夜里约几位朋友来吃晚饭，和他谈谈，他说身体疲倦得很，只想吃些粥，睡个好好的觉，他友另约吧，我说好，便约在第二夜七点钟晚餐一叙。我们一同到新亚定了房间后，出去到附近的一个小广东菜馆里吃了极简单的晚饭。因他晚饭后还有事接洽，要到通信社和报馆里去访友，未多谈，晚饭后即匆匆握别，临行时劝他早些安寝，不可过劳。

第二天（十六日）晚上我和几位朋友和他一同晚餐，他刮了胡子，穿了一套整洁的灰色法兰绒的西装，神采较前一天好得多，我很替他安慰，很畅快地谈了一番。十七日上午和十八日上午，我还因事在电话里和他谈话。他本打算十九日往南京去几天，所以我末次在电话里和他分别后，一直以为他到南京去了。不料二十二日早晨，他的妹妹绍怡女士来找我，一见即泪如泉涌，我一时摸不着头脑，急问何事，才由她呜咽着说戈先生患盲肠炎，很危险，已于二十一日下午五点一刻在虹桥疗养院开刀，现热度很高，叫她来找我，说有话要对我说。我听了好像遇着晴天的霹雳，赶紧叫了一辆汽车往虹桥疗养院奔。

转瞬间到了疗养院，轻轻地踏进了他的病室，看见他身上罩着白被单笔直地卧着，那脸儿已瘦削得两颊向内凹，脸色比第一天遇见时更来得苍白，他闭着眼睛，呼吸已不如平时的自然。梁福莲女医师刚在房里，我很轻声地问她戈先生的病危险不危险，她很轻声地说很危险。戈先生偶然睁开眼睛瞥见了我，还能略点头微笑，我因医师说他疲极不宜谈话，所以只走近他的身旁，轻抚他的额部，说病不要紧，请他静养，医师嘱咐不宜多谈。他略点头，大概因过于疲乏，只说"死我不怕……"仍闭着眼睛。我略立一会儿，轻轻请梁医师到房外来问个详细，据说腹膜炎的毒已传播于血液里，非常危险；我急问究有多少活的希望，她说恐怕只有百分之二三的活的希望了。我回到病房里，戈先生忽睁开眼，叫我走近他，对我说他在海参崴时，小便现青莲色，双十节那天在海参崴领馆参加行礼，忽然晕倒，不久醒来，因海参崴没有好医生，船期又近，只得匆匆上船，在船上时小便仍有青莲色；那天早晨（即我到疗养院去看他的那一天早晨）并没有吃什么，吐出的水也有青莲色；叫我请医生注意这个青莲色，我便把他的意思告诉了梁医师。我此时虽知道他的病势已经十分危险，但仍想不到当天就要和他永诀，又因自己职务的忙碌，所以静默地陪伴他约一小时后，叮咛医师和女看护细心照料，并请绍怡女士随时将病状由电话报告外，便匆匆离院。出院后，替他打个电报通知他的令兄，并请托一位同事打电话通知他的几位朋友。

刚回到办公室不久（将近十二点钟），即得到绍怡女士告急的电话，申报馆经理马荫良先生适亦因听到戈先生病危的消息，来找我，我们随即一同到疗养院。一到病房外，绍怡女士即哭告戈先生有话急待告诉我，这时马先生正向她询问病情，我便三步作两步地赶到戈先生的榻旁，见他的神色较上午更差，呼吸也渐在短促起来。他很轻微地很吃力地说：“韬奋兄……我的身体太弱……这次恐怕经不住……我有几句话……”他的声音非常地微弱，且因气喘渐甚，断断续续地说，我俯着头把耳朵就近他的嘴边才听得出。我想这是遗嘱的口气，便插着说，马荫良先生也来了，我去请他来一同听，他说好。于是我们两个人就同在榻旁忍泪静听他说。同时他的妹妹伏在他的枕旁泪如泉涌地哀痛着。

他接着说：“我的著作……《报学史》原想用白话写过，现在要请你叫宝权（戈先生的侄子，现在莫斯科考察），替我用白话完全写过……关于苏联的视察记，大部分已做好……也叫宝权接下去……你知道他是……很好的……还有关于世界报业考察记，材料都已有，可惜还未写出来……现在只好随他去。……”

我呜咽着安慰他，对他说一切要照他的意思办，至于未了的著作，宝权一定可继他的志愿，请他放心。

他很吃力，简直接不下去，停一会儿，他才说：“在俄国有许多朋友劝我不必就回来……国势垂危至此，我是中国人，当然要回来参加抵抗侵略者的工作。……”

他说这几句话的时候，虽在极端疲乏之中，眼睛突然睁得特别的大，语音也特别的激昂，但因为太疲乏了，终至力竭声嘶，沈沈地昏去。谁在此时看着这样的神情，都不免于万分沈痛中感觉到无限的悲壮，酸楚挥泪！

不久以后，戈先生又说："死我不怕，有件事要拜托你们……我看已不行，请问问医生，如认为已无救，请她替我打安眠针，让我即刻睡去。把身体送给医院解剖，供医学研究……"我安慰他说："你不要多想，今天早晨我很仔细地问过医生，她说你的病还是有希望的。"他说："不，今天下午和早晨的情形已大两样。我看医生已没有办法：……血已经抽不出来……"这时替他开刀的董医师已来看过，他们——董、梁等医师——的神情语气，大概都被戈先生发觉，因为他的神志是始终异常清楚的。我见他再三要把身体供医学解剖，以供科学研究，便出了病房，对梁医师商量这件事。我问她戈先生是否已绝对无救，照她行医的经验，病状像那时的戈先生，是否还有人能有生的希望。她说一百人中偶然也有一二人能逃过难关，所以她认为病势虽极危，但非到最后的一刹那，谁也不应结束他的生命。她对于戈先生的意思表示非常敬佩，说倘有不幸，医院可以容纳；但在未到最后的一刹那，他们还是要尽力救他的生命。我和梁医师接洽之后，又跑进病房去安慰戈先生，说刚才问过医生，据说仍有希望，请他静养，不必多想，万一有不幸，当然照他的意思办，不过在仍有希望的时候，不必再想到这件事；而且照医生的意思，病人自己须有自信心，不要抛弃希望，然后医生的努力才有效验。他听了闭着眼微点着头，对我请他安心静养勿失希望的话，连说："好，好。"

不久以后，他的朋友周剑云夫妇，蒋光堂，黄寄萍等诸位先生也先后赶到。戈先生睁开眼睛，还能微微点头作微笑，从被单里缓缓伸出抖颤着的左手和围在榻旁的好友们一一握手，最后并和服侍他的女看护握手；看他的神情，是和诸友告别的意思。他的视死如归，那样的镇定，那样的旷达，把人生看得那样的清楚，那样的置生死于度外的态度，实给我以非常深刻的印象。

到了这个时候，他气喘更厉害起来，我们可看见他的胸部很急促起伏地升降着。看护和梁医师摸摸他的脉息，都摇着头。各亲友都很沈痛的静默着。我随着几位朋友到房外去商量后事。忽然女看护奔出来说不好了，请大家快进去。我们都慌忙着向病房里跑，我最前踏进了房门，见他的眼睛已开始圆睁着向上呆直，我赶紧跑过去俯头把嘴接近他的耳朵，问他还有什么要紧的话要对我说。在他的知觉和感觉即将完全失去的最后一刹那，对于我的问句似乎还听得懂，因为经我一问，他动着嘴表示要说什么话的样子，但是只动了两动嘴唇，说不出什么，转瞬间连动也不能动了。亲友们都放声大哭，在旁的梁医师也不禁掉下了眼泪。我们所敬重的戈先生就此与世长辞了。

戈先生毕生尽瘁于新闻事业的已往历史，知道的人很多，所以我在这里不再赘述，我在这篇文里仅将戈先生最近回国后不幸因病逝世的情形，就我所知道的，略述一些，报告给痛念戈先生的朋友们。即就此简短的经过里，我们已不能不受戈先生的精神所感动：他对于环境奋斗的置生死于度外的无畏的精神，他虽在临危的时候，还不忘献身于科学的牺牲的精神。我以为比他后死的朋友们不但不应为他的死而发生消极的观念，而且要不忘却这位好友的不死的精神，共同向前努力奋斗。

我所最觉得悲痛的是以戈先生二三十年积累的学识经验，益以最近二三年来对世界大势的辛勤的观察研究，在正确认识上的迈进（我在莫斯科时和他做数次长谈，深感觉到他的猛烈进步），我们正希望着他能为已沦入奴隶地位的中华民族做一员英勇的斗士，不料他竟这样匆匆忙忙地撒手而去。我想到这里，回忆着他在弥留时睁大着眼睛，那样激昂地——我觉得他竟是很愤怒地——对于侵略者的斗争情绪，我不禁搁笔痛哭；但我转念，又深深地感觉到这是我们后死者同样要负起的责任，我们都当以同样的"置生死于度外"的态度，朝着民族解放的目标向前猛进。我认为这样才是不忘却我们的好友！这样才是能记念着我们的好友！

原载 1935 年 11 月 1 日《世界知识》第 3 卷第 4 号。